Alexander Schabowski

Transferpreise von Funktionen
Die deutsche Besteuerung grenzüberschreitender Funktionsverlagerungen

Diplomica® Verlag GmbH

Schabowski, Alexander: Transferpreise von Funktionen: Die deutsche Besteuerung grenzüberschreitender Funktionsverlagerungen, Hamburg, Diplomica Verlag GmbH 2012

ISBN: 978-3-8428-8284-3
Druck: Diplomica® Verlag GmbH, Hamburg, 2012

Bibliografische Information der Deutschen Nationalbibliothek:
Die Deutsche Nationalbibliothek verzeichnet diese Publikation in der Deutschen Nationalbibliografie; detaillierte bibliografische Daten sind im Internet über http://dnb.d-nb.de abrufbar.

Die digitale Ausgabe (eBook-Ausgabe) dieses Titels trägt die ISBN 978-3-8428-3284-8 und kann über den Handel oder den Verlag bezogen werden.

Inhaltsverzeichnis

I Abkürzungsverzeichnis

%	-	Prozent
Anm.	-	Anmerkung
Anm. d. Verf.	-	Anmerkung des Verfassers
AO	-	Abgabenordnung
AStG	-	Außensteuergesetz
BB	-	Betriebsberater (Zeitschrift)
BFH	-	Bundesfinanzhof
BMF	-	Bundesministerium der Finanzen
BT-Drs.	-	Bundestagsdrucksache
CF	-	Cashflow
DB	-	Der Betrieb (Zeitschrift)
DBA	-	Doppelbesteuerungsabkommen
DCF	-	Discounted Cashflow
DStR	-	Deutsches Steuerrecht (Zeitschrift)
DVFA	-	Deutsche Vereinigung für Finanzanalyse und Asset Management
EBIT	-	Earning before Interest and Tax
F&E	-	Forschung und Entwicklung
FV	-	Funktionsverlagerung(en)
FVerlV	-	Funktionsverlagerungsverordnung
g	-	unternehmensspezifische Wachstumsrate
GoF	-	Geschäfts- oder Firmenwert
GAufzV	-	Gewinnabgrenzungsaufzeichnungsverordnung
gem.	-	gemäß
grds.	-	grundsätzlich
Hs.	-	Halbsatz
i_e	-	Kapitalisierungszinssatz
i_B	-	Basiszinssatz
i.B.a.	-	im Bezug auf
i.d.F.	-	in der Fassung
i.d.R.	-	in der Regel
i.S.	-	im Sinne
i.S.d.	-	im Sinne des /der
ISO 10668	-	International Standard on monetary brand valuation

i.V.m.	-	in Verbindung mit
i.Z.m.	-	in Zusammenhang mit
IDW	-	Institut der Wirtschaftsprüfer in Deutschland e. V.
Kap.	-	Kapitel
KStG	-	Körperschaftssteuergesetz
lt.	-	laut
m.E.a.	-	meiner Einschätzung nach
m.A.n.	-	meiner Ansicht nach
OECD	-	Organization of Economic Cooperation and Development
OECD-TPG	-	OECD Transfer Pricing Guidelines (OECD - Verrechnungspreisrichtlinien)
OECD-MA	-	OECD – Musterabkommen
o.g.	-	oben genannt
PV	-	Present Value, Barwert
r	-	Kapitalisierungszinsatz
SG	-	Schmalenbach-Gesellschaft für Betriebswirtschaft
sog.	-	so genannt(e/es/er)
SEStEG	-	Gesetz über steuerliche Begleitmaßnahmen zur Einführung der Europäischen Gesellschaft und zur Änderung weiterer steuerrechtlicher Vorschriften
S.	-	Seite
S 1	-	IDW Standard – „Grundsätze zur Bewertung von Beteiligungen und sonstigen Unternehmensanteilen"
S 5	-	IDW Standard – „Grundsätze zur Bewertung immaterieller Vermögensgegenstände"
Stpfl	-	Steuerpflichtige(r)
StuB	-	Steuer- und Bilanzpraxis (Zeitschrift)
TAB	-	Tax Amortization Benefit
Ubg.	-	Die Unternehmensbesteuerung (Zeitschrift)
UntStRef	-	Unternehmenssteuerreform 2008
UntStRefG	-	Unternehmenssteuerreformgesetz
v.	-	vom
VG	-	Vermögensgegenstand/-stände/ständen
vGA	-	verdeckte Gewinnausschüttung
VG-FVERL	-	Verwaltungsgrundsätze Funktionsverlagerung

		(Dokumentspezifische Abkürzung)
VP	-	Verrechnungspreis(e)
vs.	-	versus
VWG-Verfahren		Verwaltungsgrundsätzeverfahren 2005
WACC	-	Weighted Capital Cost of Capital; gewichteter Kapitalkostensatz
VWG-Verfahren		Verwaltungsgrundsätze - Verfahren
VZ	-	Veranlagungszeitraum/ -zeiträume
WG	-	Wirtschaftsgut/Wirtschaftsgüter
WGn	-	Wirtschaftsgütern
X	-	Bezugsgröße
X_t	-	Bezugsgröße der Detailplanungsphase
X_T	-	Bezugsgröße am Ende der Detailplanungsphase
μ_M	-	Marktrisikoprämie

II Abbildungsverzeichnis

III Tabellenverzeichnis

A. Einleitung

Mit der Novellierung des § 1 AStG im Rahmen der UntStRef 2008 hat sich der Gesetzgeber dazu entschieden, Funktionen bei konzerninternen Verlagerungen ins Ausland in weiterem Umfang als bisher zu besteuern, da sie die Abwanderung hierzulande gereifter, sprudelnder Einkunftsquellen darstellen können. Zur detaillierten Ausgestaltung des in § 1 AStG beschriebenen Besteuerungsmodells wurde indes die Finanzverwaltung ermächtigt, die zeitgleich mit der Gesetzesnovellierung die FVerlV[1] als weitere Regelungsebene installiert hat. Begleitet von einem intensiven fachlichen Diskurs mit Verbänden, Industrie und Beraterschaft wurde das Regelwerk in 2010 neben einer weiteren Gesetzesnovelle in Form des SEStEG[2] sowie um die VG-FVERL[3], ebenfalls auf Ermächtigungsbasis, ergänzt. Die Veröffentlichung der endgültigen Fassung der VG-FVERL im Herbst 2010 markiert dabei einen vorläufigen Schlusspunkt der Reformierung und soll verbleibende Zweifelsfragen, die sich im Anschluss an die Neuregelung des § 1 Abs. 3 AStG sowie der FVerlV ergeben haben, klären helfen. Nahezu zeitgleich hat die OECD ihre Verrechnungspreisrichtlinien (OECD-TPG) in aktualisierter Fassung samt Standards für Funktionsverlagerungen im Sommer 2010 veröffentlicht.

Problembeschreibung
Eine wesentliche Intention des Reformvorhabens bestand darin, dem bis dato aufgrund eines Erfassungsdefizits kaum beachteten Wegzug von Steuersubstrat, insbesondere durch Übertragung von immateriellen Vermögungsgegenständen, vorzubeugen. Der Kern der Regelungen sieht nunmehr eine Sollertragsbesteuerung auf Basis von Gewinnpotentialen vor. Spätestens hiermit sind Ansätze der betriebswirtschaftlichen Bewertungslehre bei Bestimmung von steuerlichen VP ein wichtiges Thema geworden. So soll die Bewertung der Funktion auf Basis des sog. Transferpakets unter Einbeziehung aller Chancen und Risiken und sonstigen Vorteile erfolgen. Dabei soll anscheinend regelmäßig vom

---

[1] Verordnung zur Anwendung des Fremdvergleichsgrundsatzes nach § 1Abs. 1 des Außensteuergesetzes in Fällengrenzüberschreitender Funktionsverlagerungen (Funktionsverlagerungsverordnung - FVerlV) v. 12.08.2008, BGBl. I S. 1680.
[2] Gesetzes zur Umsetzung steuerlicher EU-Vorgaben sowie zur Änderung steuerlicher Vorschriften vom 8. April 2010, BGBl. I S. 386.
[3] BMF-Schreiben „Grundsätze für die Prüfung der Einkunftsabrenzung zwischen nahe stehenden Personen in Fällen von grenzüberschreitenden Funktionsverlagerungen"(Verwaltungsgrundsätze Funktionsverlagerung; FG-FVERL), DOK 2010/0598886, v. 13.10.2010.

bisherigen Grundsatz der Einzelbewertung von WGn abrückt werden. Darüber hinaus hat der Gesetzgeber die Möglichkeit geschaffen, Gewinne, die erst durch die Ausübung der Funktion in der Zukunft entstehen, der Besteuerung im Inland zuzuführen. Weiterhin wird bei der Bewertung der übertragenen Funktionen regelmäßig ein Übergang eines anteiligen Geschäfts- bzw. Firmenwertes unterstellt, der einen erheblichen Einfluss auf den VP haben kann.

Dem berechtigten gesamtwirtschaftlichen Interesse des Staates an der Einkunftssicherung im Rahmen der Besteuerung von grenzüberschreitenden FV steht dabei grundsätzlich die Maßgabe der Vermeidung von investitionshinderlichen Maßnahmen entgegen. Aus steuerlicher Sicht zählen hierzu insbesondere eine im internationalen Vergleich überdurchschnittliche steuerliche Belastung sowie Rechtsunsicherheit aufgrund praxisferner Regelungen. Im Mittelpunkt der teils heftigen Kritik am Regelwerk stehen daher auch Fragen zur Vereinbarkeit der deutschen Regelungen mit den Verrechnungspreisrichtlinien der OECD, zu ungenauen Definitionen bei der Einkunftsabgrenzung sowie zu Details der Vergütung im Rahmen der kapitalwertorientierten Funktionsbewertung. Die umfangreichen Detailregelungen im Rahmen der Transferpaketbewertung können sich im Hinblick auf die Anerkennung der VP durch die ausländischen Finanzbehörden als problematisch erweisen. Im Gegensatz zur Auffassung der Bundesregierung[4], die einen klarstellenden Charakter und Rechtssicherheit begründende Auswirkungen der Regelungen sieht, werden in der Praxis eine Vielzahl von Verständigungs- und Schiedsgerichtverfahren erwarten.

Des Weiteren erscheint in der Rückschau auf die Novellierungsphase das Vorgehen des Gesetzgebers hinsichtlich Stringenz und Erwartungssicherheit kritikwürdig. Bei dem Versuch sich mit Einführung von Spezialvorschriften zur FV 2008 weitgehende Spielräume zu sichern, hat dieser anscheinend über das Ziel hinausgeschossen. Dies sollte durch das SEStEG und durch die VG-FVERL korrigiert werden. Dennoch wird weiterhin kritisiert, dass alte wie neue fiskalische Gestaltungsspielräume verbleiben. Ein fundamentaler Vorwurf, der sich durch das gesamte Spektrum Kritik zur Besteuerung von FV zieht, lautet, dass die Finanzverwaltung sich mit den Konkretisierungen im Form der FVerlV

---

[4] Vgl. Antwort der Bundesregierung auf kleine Anfrage zu Frage 2 in BT-Drks. 16/8027.

12

und die VG-FVERL von der gesetzgeberischen Intention und zum Nachteil des Stpfl entfernt hat.

Zielsetzung

Ziel dieser Studie ist es, die aktuelle Rechtslage der Besteuerung von FV und den Diskurs hierzu darzulegen und zu würdigen. Im Rahmen der Analyse soll herausgearbeitet werden inwieweit die Regelungen geeignet sind immaterielle Vermögensgegenstände bei Ihrer Verlagerung ins Ausland zu sachgerecht zu erfassen und zu besteuern. Insbesondere soll geklärt werden:

- Inwieweit diese Regelungen konform sind mit anerkannten Wirtschaftlichkeitsgrundsätzen, den diesbezüglichen Musterregelungen der OECD, und letztlich mit den proklamierten steuerpolitischen Zielen der CDU/CSU/FDP-Regierung, welche die Vermeidung von Schädigungen Deutschlands als Investitionsstandort verfolgt.
- Wie die Änderungen bzw. Konkretisierungen, die das Regelwert 2010 durch das SEStEG und insbesondere durch die VG-FVERL erfahren hat, im Hinblick auf die vorangegangenen Fragen bewertet werden.

Gang der Untersuchung

Die vorliegende Arbeit ist in sieben Kapitel unterteilt. In Kapitel B erfolgen eine allgemeine Verortung des Untersuchungsgegenstandes aus ökonomischer Sicht sowie die Darstellung der steuerlichen Relevanz von FV im Hinblick auf die gesetzgeberische Anspruchlogik, die Doppelbesteuerungsproblematik und den zentralen Stellenwert des Fremdvergleichsgrundsatzes im internationalen Steuerrecht. Ein Darstellung der steuerpolitischen Absichten des Gesetzgebers sowie der in der Praxis von FV bestehenden Problematik der besonderen Dokumentationserfordernisse runden das Bild ab insbesondere mit Blick auf das komplexe Spannungsfeld der Funktionsverlagerungsbesteuerung.

In Kapitel C erfolgt eine Darstellung der Tatbestandsvoraussetzungen und Rechtsfolgen des § 1 AStG bei der Ermittlung von VP, da diese Vorschrift auch Grundlage für die Besteuerung von FV ist. Ein Focus der Analyse liegt auf der Darstellung und Kritik zum neu eingeführten Tatbestandsmerkmal der „Funktionsverlagerung". Einen weiteren Schwerpunkt bilden die Ausführungen zum hypothetischen Fremdvergleich als neuer Bestandteil der Rechtsfolgen des § 1 AStG. Dabei sollen neben dem Gesetz und der FVerlV auch die jüngsten

Konkretisierungen durch die VG-FVERL herausgearbeitet und der Kritik gegenübergestellt werden.

Kapitel D befasst sich eingehend mit der Methodik der Transferpaketbesteuerung i.S.d. § 1 Abs. 3 Satz 9. Die Ermittlung des fiktiven Einigungsbereiches auf Basis jeweils kapitalwertbasierter Bewertungen bildet den Kern der Transferpaketbesteuerung und damit den Schwerpunkt dieses Abschnittes. Da die Regelungen zur Bewertung des Transferpaketes auch Schwerpunkt der VG-FVERL sind, liegt ein besonderes Augemerk auf den darin enthaltenen Konkretisierungen. Aus Gründen einer verbesserten Übersichtlichkeit und Lesbarkeit erfolgt die Darstellung der Kritik im Rahmen der Schwerpunkte in Kapitel C und D gesondert von der Beschreibung des Besteuerungssachverhaltes.[5]

In Kapitel E erfolgt die Darstellung der Öffnungsklauseln hin zur Einzelbewertung. Dies erfolgt unter Beachtung der Frage, inwieweit die aus der Transferpaketbewertung resultierenden Mängel mit diesen Instrumenten geheilt werden können. Im Mittelpunkt steht die, durch das SEStEG nachträglich begründete, dritte Öffnungsklausel, mit der Gesetzgeber die negativen Auswirkungen der Funktionsverlagerungsbesteuerung auf den Forschungs- und Entwicklungsstandort Deutschland aufzulösen versucht. Aufbauend auf die dahin gesammelten Erkenntnisse erfolgen in Kapitel F eine Darstellung und ein Vergleich der relevanten Regelungen der aktualisierten OECD-Richtlinien als Referenzregelwerk zu den deutschen Vorschriften.

Die Analyse endet mit Kapitel G in dem die jeweils wesentlichen Aspekte der Bewertungsvorschriften, der Kritik und der Einschätzungen der Auswirkungen der VG-FVERL zusammengefasst werden. Darauf aufbauend erfolgt im Fazit die Beantwortung der eingangs gestellten Fragen sowie eine kritische Würdigung der deutschen Vorschriften zur Besteuerung von FV.

---

[5] Vgl. Tatbestandsmerkmal Funktion, Kap. C. II. 2.2; hypothetische Fremdvergleich, Kap. C. III. 3; Transferpaketbewertung bei hypothetischem Fremdvergleich, Kap. D 2.3.

14

B. Grundlagen von Funktionsverlagerungen

I. ökonomische Dimension von Funktionsverlagerungen

1. Betriebswirtschaftliche Definition von „Funktion"

Ausgehend von organisationstheoretischen Ansätzen liegt der Ursprung des betriebswirtschaftlichen Begriffs „Funktion" in der konsequenten Umsetzung der Arbeitsteilung im Industriebetrieb. Im Kern beschreibt der Begriff eine wesentliche Tätigkeit.[6] Probleme bei den Definitionsversuchen entstehen hinsichtlich der eindeutigen Abgrenzung einzelner betrieblicher Teilaufgaben.[7] So finden sich in der Literatur unterschiedliche Versuche den Begriff zu bestimmen, ohne dass sich bisher eine exakte Definition herausbilden konnte.[8]

Allen Definitionsversuchen gemein ist also die Beschreibung einer „Funktion" als ein Umfang von betrieblichen Tätigkeiten und Aufgaben, der nach bestimmten Kriterien abgegrenzt werden kann und gleichzeitig der Optimierung des Wertschöpfungsprozesses im Konzern untergeordnet ist.[9] Als Funktion im engeren Sinne wird die Zusammenfassung von Aufgaben gleichartiger Verrichtung entlang der Wertschöpfungskette bezeichnet. Sie stellt die Gesamtheit der in einem Unternehmen innerhalb eines Funktionsbereiches ausgeübten Tätigkeiten dar. Die Funktionsbereiche werden produkt-, prozess-, oder marktbezogen oder in anderer Weise abgegrenzt. Als zentrale Tätigkeitsbereiche werden bspw. Beschaffung, Produktion, Vertrieb, F&E sowie Unternehmensverwaltung benannt.[10]

2. Ökonomische Bedeutung von Funktionsverlagerungen

FV können grundsätzlich als Sachverhalte beschrieben werden bei denen international tätige Konzerne betriebliche Funktionen von einem Staat auf ein verbundenes Unternehmen in einem anderen Staat verlagern.[11] Das Spektrum reicht von Ausgliederungen einzelner operativer Tätigkeiten über die Verlagerung von vollständigen Herstellungsprozessen bis hin zur Übertragung, bzw. Überlassung von bereits im Inland entwickelten Produktions- und Prozess-Know-

---

[6] Vgl. Kuckhoff/ Schreiber, 1999, S. 322; Merkel 2008, S. 14; Borstel/Schäperclaus 2008, S. 275.
[7] Vgl. Merkel 2010, S. 14.
[8] Vgl. Eisele 2003, S. 11; Borstell/Schäperclaus 2008, S. 275.
[9] Vgl. Bodenmüller 2004, S. 7; Merkel 2010, S. 14.
[10] Vgl. Eisele, 2003, S. 12; Borstel/Schäperclaus 2008, S. 275ff; Merkel 2010, S. 14.
[11] Vgl. Eisele 2003, S. 26ff.; Endres u.a., in: PWC 2010, S. 528.

how. Mit einer FV ist häufig auch eine Übertragung von unternehmerischen Risiken sowie von materiellen und immateriellen Vermögensgegenständen verbunden.[12]

Die Funktion steht in Bezug auf ihren In- und Output im Austausch mit ihrer rechtlichen und wirtschaftlichen Umwelt am Funktionsstandort. Im Rahmen einer strategischen Konzernplanung kommt es insbesondere bei langfristigen Internationalisierungsstrategien zur Auswahl von Standorten, die komparativ die meisten Synergien mit der Funktion erzeugen.[13] Als weiterer Grund kann daneben die Verteilung von unternehmerischen Risiken durch die Diversifizierung von einzelnen Funktionen genannt werden.[14] Das Ausnutzen von Standortvorteilen soll zum Bestehen im internationalen Wettbewerb beitragen. BERNHARDT beschreibt Organisationsstrukturen internationaler Konzerne plakativ mit lebenden Organismen, in denen permanent Veränderungen stattfinden und Wertschöpfungsketten regelmäßig überregional organisiert werden.[15]

In Deutschland sind vor allem zwei Ursachen von FV bedeutend.[16] Das eine ist die Verlagerung von Produktionsfunktionen in Länder, die niedrigere Produktions- und insbesondere Lohnkosten haben. Daneben kommt es in der Praxis häufig vor, dass Vertriebsfunktionen in andere Länder verlagert werden, weil man auf diese Weise neue Märkte erschließen will bzw. näher an vorhandene Märkte herankommen möchte.[17] FRISCHMUTH beschreibt den Regelfall in Deutschland als eine Verlagerung von bereits amortisierten immateriellen WGn, die die rechtliche und wirtschaftliche Grundlage für die Produktion und den Vertrieb in anderen Regionen bilden, also einem späteren Produktlebenszyklus zuzuordnen sind.[18]

Ein prominenter Fall, wenn auch nicht die Hauptursache[19] von FV ist die Verlagerung von Funktionen aufgrund fiskalischer Standortvorteile, als Folge von

---

[12] Vgl. Borstell, 2001/2002, S. 203.
[13] Vgl. Kuckoff/Schreiber 1999, S. 322; Borstell 2002, S. 202.
[14] Vgl. Hardock, Produktionsverlagerung, 2000, S. 29.
[15] Vgl. Bernhardt 2010, S. 172.
[16] Vgl. Zech/Morlock 2009, S. 83; Kroppen 2010, S. 149.
[17] Vgl. Kroppen 2010, S. 149.
[18] Vgl. Frischmuth 2010, S. 92.
[19] Vgl. Borstell 2002, S. 202; Kuckoff/Schreiber 1999, 322; Kroppen 2010, S. 149.

Optimierungsaktivitäten zur Senkung der Konzernsteuerquote.[20] So besteht für die Konzernleitung grundsätzlich der Anreiz, die konzerninterne Preisgestaltung als Instrument der Erfolgslenkung zu nutzen. Zwar sollen die Gemeinkosten weitgehend verursachungsgerecht auf die einzelnen Kostenstellen bzw. auf die einzelnen Kostenträger verteilt werden, aus steuerlichen Gesichtspunkten kann es sich für das Unternehmen hingegen lohnen, VP im Rahmen des Lieferungs- und Leistungsaustauschs zwischen verbundenen Unternehmen so festzusetzen, dass Gewinne bei dem Unternehmen entstehen, das im niedriger besteuerten Land ansässig ist. Steuerdisparitäten führen bei Verlagerungen von Gewinnen in Niedrigsteuerländer zu einer niedrigeren Gesamtunternehmensteuerlast und damit letztlich zu einem höheren Investitionsrückfluss.[21] Denn durch eine FV auf einen eigenständigen Rechtsträger im Ausland wird dem deutschen Fiskus auf Grund der steuerlichen Abschirmwirkung nach § 8b Abs. 1 Satz 5 KStG, dem sog. Dividenprivileg, das Besteuerungsrecht für die aus der Funktion resultierenden Gewinne entzogen.[22]

Die Finanzverwaltung geht, bestätigt durch die Literaturmeinung, davon aus, dass die Verrechnungspreisgestaltung von Unternehmen häufig so gesteuert wird, dass Gewinne im Ausland anfallen, während Betriebsausgaben hier geltend gemacht werden.[23] Die fiskalischen Auswirkungen können also erheblich sein, insbesondere für ein Hochsteuerland wie Deutschland.[24]

II. Fiskalische Dimension von Funktionsverlagerungen

Aus fiskalischer Sicht haben VP (auch für FV) die Funktion, eine angemessene Allokation von Einkünften multinationaler Unternehmen zwischen den betroffenen Staaten sicherzustellen.[25] Dabei müssen die VP die tatsächliche Funktions- und Risikostruktur widerspiegeln, damit jedem Staat ein angemessener Anteil an der (grenzüberschreitenden) Wertschöpfungskette zuteil wird.[26] Teilweise werden offen Befürchtungen artikuliert, dass auch abseits steuerzentrierter Unternehmensplanung steuerpflichtiges Substrat entgeltfrei ins

---

[20] Dazu ausführlich Serg 2006, S. ff.
[21] Dies ist i.Z.m. dem Dividenprivileg nach § 8b Abs. 1 Satz 5 KStG sichergestellt.
[22] Vgl. Borstell 2002, S. 204; Kuckoff/Schreiber 1999, S. 322; Burkert 2003, S. 320. Brockhagen 2007, S. 23ff.
[23] Vgl. Brockhagen 2007, S. 19; Merkel 2010, S. 18f..
[24] Die höheren Steuersätze, mit denen die in Deutschland erwirtschafteten Gewinne belastet werden, entstehen u.a. durch zusätzliche Steuerarten wie Gewerbesteuer und Solidaritätssteuern. Dazu ausführlich Kuckoff/Schreiber 1999, S. 322; Zech/Morlock 2009, S. 53.
[25] Vgl. Greinert/Reichl 2011, S. 1182.
[26] Vgl. Greinert/Reichl 2011 S. 1186

Ausland übergeht und die Finanzverwaltung am Entstehungsstandort der Funktion dabei leer ausgeht.[27] Somit besteht international Bedarf, die Besteuerungsrechte zwischen Staaten zu klären.[28]

Neben der volkswirtschaftlich sinnvollen Erfassung und Besteuerung von im Inland entstandenem Steuersubstrat besteht eine weitere wesentliche Zielsetzung eines Steuersystems in der Neutralität der Besteuerung. Eine Besteuerung ist dann als neutral zu bezeichnen, wenn dadurch unternehmerische Entscheidungen unverzerrt bleiben.[29] Im internationalen Kontext ist eine Besteuerungsneutralität eng mit der Beseitigung von Doppelbesteuerung verbunden.[30] Eine Doppelbesteuerung i.Z.m. FV entsteht, wenn die Ausgleichszahlung, die nach deutschem Steuerrecht für die Funktion zu leisten ist im Ausland durch die Finanzverwaltung der übernehmenden Gesellschaft nicht zum Steuerabzug zugelassen wird.[31] Folgende Konstellationen einer Doppelbesteuerung sind dabei möglich: [32]

- Der Empfängerstaat erlaubt die Aktivierung der Ausgleichszahlung, versagt er jedoch, wie in der Praxis vorkommend, die steuerliche Abschreibung des Gesamtbetrages. Diese Doppelbesteuerung kann unter Umständen zu einem späteren Zeitpunkt aufgelöst werden, wenn die Funktion weiterverkauft wird und der Verkaufserlös mit der kompletten ursprünglichen Ausgleichszahlung verrechnet wird.

- Der Empfängersaat versagt die Aktivierung von Teilen der Ausgleichszahlung (z.B. für Goodwill-Bestandteile), so entsteht eine dauerhafte Doppelbesteuerung.

Die Bedeutung von FV vor diesem Hintergrund wird auch darin deutlich, dass die OECD im Rahmen ihrer aktuellen Fassung der Verrechnungspreisrichtlinien, vom 22.07.2010, für derlei Sachverhalte das Kapitel „Business Restructuring"

---

[27] Vgl. Kroppen 2010, S. 150, Merkel 2010, S. 18f..
[28] Es gibt verschiede Maßnahmen, um Doppelbesteuerung zu vermeiden. Dennoch spielen bilaterale Abkommen (Doppelbesteuerungsabkommen, DBA) zwischen Staaten in der internationalen Praxis eine besondere Rolle. Ein DBA stellt ein System von Verteilungs- und Verzichtsnormen dar, anhand dessen Besteuerungsansprüche zwischen Ländern geregelt werden. Wichtig ist, dass ein DBA keine Besteuerungsansprüche begründen oder erweitern kann, da er lediglich die Funktion einer rechtlichen Schranke innehat. Inhaltlich und strukturell ist der Aufbau eines DBA ähnlich dem OECD-MA, der den Staaten als Referenzregelwerk dient zur Harmonisierung ihrer Steuersysteme. Dazu ausführlich Brähler 2010, S. 117-144.
[29] Vgl. Wagner, 1992, S. 3f.; Herzig/ Watrin, 2000, S. 379 f.; Löhr, 2000, S. 34.
[30] Vgl. Vogel, 1993, S. 386.
[31] Zech/Morlock 2009, S. 9.
[32] Vgl. Endres u.a., in: PWC 2011, S. 541f..

aufgelegt hat. Unter Vorwegnahme der Ausführungen in Kapitel F, sei an dieser Stelle darauf hingewiesen, dass die Regelungen der OECD grundsätzlich die Möglichkeit einer weitergehenden Gewinnkorrektur auf Rechtsgrundlage innerstaatlicher Korrekturvorschriften vorsehen, wenn dem international anerkannten „dealing-at-arm's-length"-Grundsatz (Fremdvergleichsgrundsatz) nicht entsprochen wurde.[33] Unter Bezug auf Art. 9 OECD-MA ist eine Gewinnkorrektur demnach erlaubt, wenn zwischen verbundenen Unternehmen andere Bedingungen vereinbart wurden als dies zwischen unabhängigen Unternehmen der Fall wäre, und aufgrund dessen das Einkommen der inländischen Kapitalgesellschaft gemindert worden ist.[34] Die Vorschrift ist darüber hinaus als Verbotsnorm zu verstehen, da sie die Korrektur von tatsächlich vereinbarten VP nach innerstaatlichem Recht nur bis zur Höhe des Fremdvergleichspreises erlaubt.[35] Wird von einem Vertragsstaat, auf dessen Seite der Gewinn zu niedrig bzw. der Verlust zu hoch ausgewiesen wurde, eine Korrektur vorgenommen, verpflichtet Art. 9 Abs. 2 OECD-MA den anderen Vertragstaat zu einer Gegenberichtigung. Damit soll eine sog. wirtschaftliche Doppelbesteuerung der Unternehmensgewinne vermieden werden.[36] Da eine Korrektur nur auf nationalem Recht beruhen kann, ist nicht gewährleistet, dass die Gegenkorrektur des einen Vertragsstaates in gleicher Höhe wie die Gewinnkorrektur des anderen Staates erfolgt. In vielen abgeschlossenen DBA fehlt gar eine dem Art. 9 OECD-MA entsprechende Regelung, da die Vertragsstaaten nur selten gewillt sind ihre Besteuerungsansprüche aufzugeben.[37] Die deutschen Regelungen zu FV werden vor allem kritisch gesehen, weil in der Praxis regelmäßig erhebliche Doppelbesteuerungsrisiken auftreten können.[38]

Sollte der in Deutschland angesetzte Verrechnungspreis in einem konkreten Fall von einem anderen Staat nicht anerkannt werden und wurden keine Gegenkorrekturmaßnahmen im DBA vereinbart, ist der Besteuerungskonflikt durch ein Verständigungs- oder Schiedsverfahren zu lösen.[39] Ein möglicher

---

[33] Vgl. Djanani/Brähler 2008, S. 141; Eigelshoven, in Vogel/Lehner, 2008, Rz. 3.M; Merkel 2010, S. 20f..
[34] Dazu ausführlich Brähler 2010, S. 160f., 181, 188, 229, 238, 413.
[35] Vgl. Bodenmüller, 2004, S. 61.
[36] Vgl. Eigelshoven, in: Vogel/Lehner 2008, Rz. 159; Schaumburg 1998, Rz. 16.314.
[37] Vgl. Djanani/Brähler 2008, S. 142; Wassermeyer 2001, S. 638; Eigelshoven, in: Vogel/Lehner 2008, Rz. 145.
[38] Vgl. Endres u.a., in: PWC 2011, S. 541f..
[39] Vgl. Schaumburg 1998, Rz. 16.318.

Besteuerungskonflikt zwischen der Finanzverwaltung und einem anderen Staat kann auch bereits im Voraus durch ein kostenpflichtiges Vorabverständigungsverfahren vermieden werden.[40] Verständigungsverfahren bedeuten jedoch, selbst bei einem für den Stpfl günstigen Ausgang, einen erheblichen administrativen Aufwand und werden von den Unternehmen gerne vermieden.[41]

Die Problematik hinsichtlich der Vereinbarkeit der deutschen Regelungen mit höherrangigem Recht, darunter mit den EU-Verträgen, wird an dieser Stelle nicht weiter beleuchtet.[42]

III. Zielsetzung der deutschen Regelungen

Der Themenkomplex der Funktionsverlagerung ist im deutschen Steuerrecht in § 1 AStG eingebettet.[43] Mit der Schaffung des AStG verfolgt der Gesetzgeber das Ziel, Steuerflucht durch Ausnutzung des internationalen Steuergefälles zu verhindern und die Gleichmäßigkeit der Besteuerung bei Auslandsbeziehungen und damit die zwischenstaatliche wirtschaftliche Chancengleichheit wiederherzustellen.[44] Seit der Novellierung des AStG 2008 sollen Steuermehreinnahmen aus der Besteuerung von FV neben anderen Instrumenten[45] zur Gegenfinanzierung der Entlastungen der Unternehmen aus der UntStRef dienen.[46] Speziell für die bis dato nicht eindeutig normierten FV sollen hinreichend konkrete Bestimmungen geschaffen werden, die eine sachgerechte Besteuerung von Wertetransfers ins Ausland sicherstellen.[47] An die Einführung der Vorschriften zur FV samt Transferpaketbewertung waren noch vor der Einführung der dritten Ausnahmeklausel im Jahr 2010[48] konkrete

---

[40] Vgl. § 178a Abgabenordnung (AO).
[41] Der Stpfl hat hierzu beim Bundeszentralamt für Steuern eine verbindliche Vorabzusage über Verrechnungspreise (sog. Advance Pricing Agreements - APA) zu beantragen.
[42] Einige Autoren vermuten einen Widerspruch i.Z.m. mit der Transferpaketbewertung mit Art. 43 EG-Vertrag (Niederlassungsfreiheit). Dazu ausführlich Jahndorf 2008, S. 110; Frotscher 2008, S. 57; Wassermeyer 2008, S. 68; Mössner/Fuhrmann 2010, S. 318-325.
[43] Vgl. Schilling 2011, S. 1; Merkel 2010, S. 18.
[44] Vgl. Fußnote 1 zum 2. AStG 1972, Beck'sche Textausgaben 2010, S. 189, dazu auch Brähler 2010, S. 465.
[45] Diese Regelung ist als weitere Korrekturvorschrift ergänzend zu sehen zu den Vorschriften bezüglich der verdeckten Gewinnausschüttung des § 8 Abs. 3 KStG und der verdeckten Einlage.
[46] Vgl. BT-Drucks. 16/4841, S. 36; dazu auch Hey 2007, S. 1303.
[47] Vgl. Gesetzesbegründung zur UnStRef. 2008, BT-Drucks. 16/4841.
[48] Vgl. Kap. E. III.

Zahlungseingangserwartungen i.H.v. EUR 1,77 Mrd. geknüpft.[49] Wirtschaftlich sinnvolle Umstrukturierungen sowie Aktivitäten zur Erschließung ausländischer Märkte sollten dadurch nicht behindert werden.[50]

Die Regelungsabsicht der Funktionsverlagerungsbesteuerung im Einzelnen zielt auf die Besteuerung der in Deutschland geschaffenen immateriellen WG bei ihrer Verlagerung ins Ausland mittels Erfassung ihrer Gewinn- oder Ertragspotentiale.[51] In Ermangelung echter Interessengegensätze zwischen den am grenzüberschreitenden Leistungsaustausch beteiligten verbundenen Unternehmen unterstellt der Gesetzgeber, dass die dabei vereinbarten Preise nicht zwingend den marktüblichen Maßstäben entsprechen, sondern als Instrumentarium zur Gewinnverlagerung ins Ausland herangezogen werden können.[52] Als eine Ursache für die verdeckte Entnahmemöglichkeit gilt hier das Bilanzierungsverbot für selbst geschaffene immaterielle WG, welches in § 5 Abs. 2 Satz 2 EStG verankert ist.[53] Dieses Verbot bewirkt, dass sich immaterielle WG in der Bilanz des abgebenden Unternehmens nicht im Einzelnen widerspiegeln und deren Übertragung damit gegenüber den deutschen Finanzbehörden verborgen werden kann (sog. Informationsasymmetrie). Mit der Verlagerung von Funktionen fließen dann nicht nur materielle WG und in Deutschland geschaffene immaterielle WG und Vorteile, wie z.B. Know-how, Patente und Kundeninformationen ab, sondern auch die mit der Funktion verbundenen zukünftigen Gewinne. Dadurch emigriert Steuersubstrat, welches in Deutschland bemessungsgrundlagemindernd aufgebaut wurde, dauerhaft ab.[54] Der gesetzgeberische Zweck des § 1 Abs. 3 AStG ist somit die Beseitigung des „Vollzugsdefizit[s]" bei der grenzüberschreitenden Verlagerung von immateriellen WG.[55]

Diese Intention proklamiert letztlich auch die Finanzverwaltung in dem Sie ebenfalls beteuert, dass mit den Gesetzesänderungen keine neuen Besteuerungstatbestände eingeführt werden sollen. Diese haben „vor allem

---

[49] Vgl. BR-Drucks. 220/07, 67.
[50] Vgl. Gesetzesbegründung zur UnStRef. 2008, BT-Drucks. 16/4841.
[51] Vgl. Frischmuth 2010, S. 93.
[52] Vgl. BFH Urteil v. 19.1.1994 I R 93/93, BStBl II 1994, S. 725, dazu auch Mössner/Fuhrmann 2010, Rz. 2.
[53] Vgl. Schreiber 2008, S. 433; Wulf 2007, S. 2282; Wöltje 2011, S. 38.
[54] Vgl. Kroppen 2010, S. 150; Wöltjen 2011, S. 18; dazu auch Brähler 2010, S- 467, Frischmuth 2010, S. 92.
[55] Vgl. dazu BT-Drucks. 16/4841, S. 34, 84.

klarstellende und präzisierende Wirkung" und sind *„Ausfluss des seit jeher geltenden Fremdvergleichsgrundsatzes"* und "*lediglich eine ausdrückliche Regelung dieses Grundsatzes.*"[56]

Da die Thematik nach wie vor neu ist, werden die Fachdiskussionen auch auf Seiten des Gesetzgebers und der Finanzverwaltung kontrovers geführt.[57] In Folge des Regierungswechsels 2009 kam es zur Revision von Gesetzesinitiativen der großen Koalition. Bereits im Koalitionsvertrag 2009 hatte sich die neue CDU/CSU/FDP-Bundesregierung zum Ziel gesetzt, die *„negativen Auswirkungen auf den Forschungs- und Entwicklungsstandort Deutschland"* als Folge der Novellierung des § 1 AStG im Jahr zuvor *„unverzüglich"* zu beseitigen.[58] Vor diesem Hintergrund sind auch das EUStUmsG[59] und die seitens des BMF vorgelegten VG-FVERL aus dem Jahre 2010 folgerichtig als Korrekturansätze der in 2008 beschlossenen Vorschriften zu bewerten.[60] Des Weiteren, so schreiben Kroppen und Rasch in Ihrer Analyse zum Entwurf der VG-FVERL 2009, wurden insbesondere von selbigen eine erhöhte Rechtssicherheit aufgrund weiterer Konkretisierung und in Folge eine pragmatische und administrierbare Handhabung der Vorschriften erwartet.[61]

IV. Verschärfung der Dokumentationsvorschriften

Als Reaktion auf eine Grundsatzentscheidung des BFH[62] hat der Gesetzgeber mit § 90 Abs. 3 AO erstmals eine Verpflichtung des Stpfl zur Dokumentation seiner Verrechnungspreisermittlung geschaffen.[63] Danach hat die Aufzeichnung der wirtschaftlichen und rechtlichen Grundlagen für eine den Grundsatz des Fremdvergleichs beachtende Vereinbarung von Preisen mit nahestehenden Personen zu erfolgen. Die Unternehmen müssen die Erfüllung, bzw. Nichterfüllung der Tatbestandsvoraussetzung im konkreten Fall in allen Details selbst dokumentieren und die Einhaltung aller Regeln bei der Durchführung des

---

[56] Rz. 181 VG-FVERL zur Rückwirkenden Anwendung der Vorschriften; Vgl. dazu auch Schreiber 2009, Anm. 1; Nawrath, 2009, S. 2; Kroppen/Rasch 2009, S. 790.
[57] Vgl. Schreiber, Anm. ff.
[58] Vgl. Vgl. Abschnitt 1.2 des Koalitionsvertrages von CDU/CSu und FDP 2009, dazu auch Lenz/Rautenstrauch 2010, S. 696; PWC 2011, S. 536.
[59] Vgl. dazu ausführlich Kap. E. III.
[60] Vgl. Frischmuth 2010, S. 91.
[61] Kroppen/Rasch, 2009, S. 790.
[62] Der BFH hatte festgestellt, dass eine Dokumentationspflicht für internationale Verrechnungspreisermittlung nicht grundsätzlich besteht. Vgl. BFH v.17.10.2001 - I R 103/00, BStBl. II 2004, 171. Dazu auch Merkel 2010, S. 47.
[63] Vgl. StVergAbG vom 16. 5. 2003, BGBl. I, S. 660.

Fremdvergleichs sicherstellen.[64] Darüber hinaus werden von der FVerV und den VG-FVERL besondere Anforderungen hinsichtlich der Glaubhaftmachung von Ausnahmetatbeständen zur Einzelbewertung gestellt.[65] Die Anforderungen werden kritisch gesehen, da sie zu einer Beweislastumkehr zulasten des Stpfl führen.[66] Hierbei ist anzumerken, dass eine ausländische Gesellschaft keinen Mitwirkungspflichten im Inland unterliegt. Des Weiteren ist zweifelhaft, warum die Mitwirkungsverweigerung einer ausländischen Gesellschaft zu Lasten eines schuldlosen StPfl gehen soll.[67]

Zusätzlich zu diesen Dokumentationspflichten hat das BMF zur weiteren Konkretisierung die sog. GAufzV[68] erlassen. Weitere für die Dokumentation von VP und damit auch für FV relevante Anwendungsregeln wurden vom BMF am 12. Mai 2005 mit den sog. VWG-Verfahren[69] begründet, wodurch die Dokumentationspflichten weiter an Umfang zugenommen haben.

Im Zuge der UntStRef 2008 wurden sodann die Dokumentationsanforderungen bei internationalen Geschäftstätigkeiten weiter erhöht.[70] Mit § 162 Abs. 3 Satz 3 AO wurden erstmalig Sanktionsmöglichkeiten bei fehlender Mitwirkung ausländischer nahe stehender Personen eingeführt.[71]
Nach § 90 Abs. 3 AO i.V.m. § 3 Abs. 1 GAufzV müssen FV als außergewöhnliche Geschäftvorfälle[72] "zeitnah", d. h. innerhalb von sechs Monaten nach Ende des Wirtschaftsjahrs, in das der Geschäftsvorfall fällt, dokumentiert werden.[73] Darüber hinaus müssen Aufzeichnungen auf Verlangen der Finanzverwaltung innerhalb von 30 Tagen vorgelegt werden. Mit der

---

[64] Vgl. Frischmuth 2011, S. 49.
[65] Vgl. Kap. E.
[66] Vgl. Baumhoff/Ditz/Greinert 2007, S. 1653; Luckhaupt 2010, S. 2017.
[67] Vgl. Mössner/Fuhrmann 2010, Rz. 369.
[68] „Verordnung zu Art, Inhalt und Umfang von Aufzeichnungen im Sinne des § 90 Abs. 3 der Abgabenordnung" ; GAufzV v. 13. 11. 2003, BStBl. I, S. 739.
[69] Grundsätze für die Prüfung der Einkunftsabgrenzung zwischen nahestehenden Personen mit grenzüberschreitenden Geschäftsbeziehungen in Bezug auf Ermittlungs- und Mitwirkungspflichten, Berichtigungen sowie auf Verständigungs- und EU-Schiedsverfahren , IV B 4 - S 1341 - 1/05.
[70] Vgl. Wassermeyer 2008, S 67.
[71] Vgl. ebd.
[72] Als außergewöhnlicher Geschäftsvorfall nach § 3 Abs. 2 GAufzV.
gilt u.a. die Übertragung und Überlassung von WGn und Vorteilen i.Z.m. wesentlichen Funktions- und Risikoänderungen in Unternehmen mit Auslandsbezug. Folglich sind grenzüberschreitende Funktionsverlagerungen i.d.R. als außergewöhnliche Geschäftsvorfälle zu klassifizieren und aufzuzeichnen. Dazu ausführlich Klapdor 2008, S. 90; Fischer/Looks/im Schlaa 2007, S. 919.
[73] Vgl. § 3 Abs. 1 GAufzV.

Annahme einer FV als außergewöhnlicher Geschäftsvorfall durch die UntStRef ist die Vorlagefrist von 60 Tagen auf 30 Tage verkürzt worden.[74]

Durch die in den VG-FVERL vorgenommene Ausweitung des Anwendungskreises der Vorschrift des § 1 AStG, sowie weitere darin enthaltene Detailregelungen, haben die Dokumentationsvorschriften noch einmal eine erhebliche Ausweitung erfahren.[75]

---

[74] Aufzeichnungen über gewöhnliche Geschäftsvorfälle müssen innerhalb einer Frist von 60 Tagen vorgelegt werden. Vgl. § 90 Abs. 3 S. 9 AO.
[75] Vgl. S. 74 und 88.

C. § 1 AStG - Berichtigung von Einkünften

I. Überblick über § 1 AStG und verbundene Vorschriften

Der § 1 AStG befasst sich mit dem Bereich der VP, also der Preise, die verbundene Unternehmen für konzerninterne Lieferungen und Leistungen vereinbaren. Im Kern zieht das Gesetz die Berichtigung von Einkünften nach sich, sollten die vom Stpfl zur Gewinnermittlung herangezogenen Verrechnungspreise der Überprüfung auf Angemessenheit und Marktüblichkeit nicht standhalten.[76] Als Rechtsfolge des § 1 AStG kommt es also zu einer Soll-Gewinnbesteuerung.[77] Mit der Neuregelung des § 1 Abs. 3 AStG im Rahmen der UntStRef 2008 wurden erstmals die Grundsätze zur Bestimmung der dem Fremdvergleich nach angemessenen VP bei grenzüberschreitenden Geschäftsbeziehungen[78], sowie grenzüberschreitenden FV gesetzlich definiert. § 1 Abs. 3 Satz 9 AStG zielt seither darauf ab, funktionsinhärente ertragssteuerpflichtige Gewinnpotentiale vor Verlassen der inländischen Besteuerungssphäre letztmalig zu besteuern.[79]

Eine FV, als eine rein organisatorische Maßnahme, stellt zunächst keinen unmittelbaren Anknüpfungspunkt für eine Besteuerung dar.[80] Die Finanzverwaltung muss, abgesehen von Mißbrauchsfällen i.S.d. § 42 AO, die tatsächliche Funktions- bzw. Aufgabenverteilung im Konzern akzeptieren.[81] Die unternehmerische Dispositionsfreiheit wird jedoch eingeschränkt, wenn mit der Funktion WG oder zivilrechtliche Ansprüche verlagert werden.[82] In diesem Zusammenhang ist zu überprüfen, ob mit der Funktion Gewinnpotential steuerschädlich ins Ausland übertragen wurde.[83]

Da das Gesetz zahlreiche Begriffsdefinitionen[84] unbestimmt lässt, muss zur Ermittlung exakter Abgrenzungen auf verbundene Vorschriften und Gesetze zurückgegriffen werden. Zur Sicherstellung einer „einheitlichen

---

[76] Vgl. Wortlaut § 1 AStG; dazu auch Wöltjen, 2011, S. 20.
[77] Vgl. Mössner/Fuhrmann 2010, S. Rz. 70.
[78] Zur Definition von Geschäftsbeziehungen vgl. § 1 Abs. 5 AStG.
[79] Vgl. Brähler 2010, S. 467ff.; Wöltjen 2011, S. 17ff.
[80] Vgl. Brockhagen 2007, S. 20f., Merkel 2010, S. 18.
[81] Vgl. BMF IV C 5 S-1341 v. 23.02.1983, Tz. 2.1.2., BStBl. I S. 218.; dazu auch Baumhoff, in: Flick/Wassermeyer/Baumhoff 2010, Rz. 311; Kuckhoff/Schreiber 1999, S. 324; Ditz/Scheider 2011, S. 782.
[82] Vgl.Merkel 2010; S. 18.
[83] Vgl. Kuckhoff/Schreiber 1999, S. 324; Blumers 2007, S. 1758.
[84] Vgl. Kap. C. II.

Rechtsanwendung" und der Vereinbarkeit mit den internationalen Grundsätzen ermächtigt der Gesetzgeber hinaus in § 1 Abs. 3 Satz 13 AStG, das BMF in Zusammenarbeit mit Bundesrat, Verwaltungsvorschriften zur Präzisierung der Sachverhallte zu erlassen. Ergänzend hierzu und zeitgleich mit Inkrafttreten der Änderungen zum 01.08.2008 wurden somit die FVerlV als weitere Regelungsebene seitens des BMF hinzugefügt. Darin werden Detailfragen zur Definition von Begriffen, sowie zur Anwendung der Regelungen zur Transferpaketbewertungen erläutert und konkretisiert.[85]

Zur vorläufig endgültigen Ergänzung des Vorschriftenkanons wurden nach intensiven Diskussionen in Fachkreisen[86] am 13.10.2010 die 72 Seiten starken VG-FVERL als weitere Anwendungsvorschrift zum AStG auf Ermächtigungsbasis veröffentlicht. Darin soll neben weiteren Abgrenzungsbestimmungen auch die zwischenzeitlich neu eingeführte dritte Öffnungsklausel sowie das neue Kapitel zu FV der OECD-TPG vom 22.7.2010 berücksichtigt werden.[87] Die benannten Vorschriften enthalten jedoch letztlich nur die exekutive Auffassung zu den gesetzlichen Vorschriften.[88]

II. Tatbestandsvoraussetzungen des § 1 AStG

Die Anwendung der Vorschriften zum § 1 AStG setzt voraus, dass:[89]

- der ausländische Geschäftspartner des Stpfl eine ihm „nahe stehende Person" ist,
- der Stpfl eine Geschäftsbeziehung zum Ausland unterhält, bzw. eine Funktion dorthin verlagert wird[90],
- unübliche Bedingungen vereinbart wurden und
- dadurch eine Einkunftsminderung des inländischen Stpfl vor liegt.

Aus den Begriffen und Begriffsbestandteilen ausländische „nahe stehenden Person", „Funktion" und „Verlagerung" ergeben sich fast vollständige Tatbestandsvoraussetzungen[91], da bei Eintritt dieser Tatbeständsmerkmale

---

[85] Vgl. Kap. D.
[86] Vgl. Greinert/Reichl 2011, S. 1182; Kroppen/Rasch 2010, S. 824, mit zahlreichen Querverweisen; Frischmuth 2011, S. 48.
[87] Vgl. Kroppen/Rasch 2010, S.
[88] Kroppen/Rasch 2010, S. 827, Vgl. dazu auch Doilette 2010, S. 1.
[89] Vgl. Wortlaut des § 1 Abs. 1 Satz 1 AStG, dazu auch Brähler 2010, S. 468f.; Wöltjen 2011, S. 21.
[90] Vgl. dazu auch §1 Abs. 3 Satz 1 AStG.
[91] Vgl. ebd.

folglich zwingend ein gesetzlich normierter Fremdvergleich bei der Preisausgestaltung durchzuführen ist (Rechtfolge), um überhaupt feststellen zu können, ob eine Übereinstimmung, bzw. eine steuerlich relevante Abweichung vorliegt. Da sich der Korrekturbetrag auf die Einkünfte bei diesen fremdüblichen Bedingungen bezieht, ist der Fremdvergleichsmaßstab sowohl auf der Tatbestandsseite als auch auf der Rechtsfolgenseite maßgeblich (Prüf- und Korrekturmaßstab). [92]

1. Nahe stehende Person

Die Merkmale einer „nahe stehende Person" sind in § 1 Abs 2 Nr. 1-3 AStG geregelt. Weitere Ausführungen, die Abgrenzung des Begriffs betreffend, sind in Tz. 1.3.2 VWG-Verfahren[93] aus dem Jahre 2005 enthalten. Es werden vier Merkmalsgruppen unterschieden:[94]

    a) Wesentliche Beteiligung

    b) Beherrschender Einfluss

    c) Besondere Einflussmöglichkeiten

    d) Interessensidentität

a) Eine wesentliche Beteiligung liegt nach § 1 Abs. 2 Nr. 1 AStG vor, wenn mindestens 25 % der Anteile am Stpfl von der nahestehenden Person gehalten werden oder umgekehrt. Es ist ebenso möglich, dass eine dritte Person an der Person des Stpfl und seinem Geschäftspartner wesentlich beteiligt ist. Dies gilt bspw. für einen Mutterkonzern, der wesentliche Beteiligungen an zwei Töchtern hält. Die Beteiligungen werden proportional zugerechnet. Somit ist es unerheblich, ob es sich um eine unmittelbare oder mittelbare Beteiligung handelt, solange es sich nicht um eine unzulässige Zusammenrechnung von mittelbaren mit unmittelbaren Beteiligungen bzw. mehrerer mittelbaren Beteiligungen handelt.[95]

---

[92] Vgl. Zech/Morlock 2009, S. 92; Mössner/Fuhrmann 2010, Rz. 70.
[93] Für die Anwendung des § 1 AStG verweist der Anwendungserlass aus dem Jahre 2004 zum AStG auf die VWG-Verfahren.
[94] Vgl. dazu ausführlich Brähler 2010, S. 470.
[95] Vgl. dazu auch Rz. 1.3.2.3 VWG-Verfahren; dazu auch Wassermeyer 2008, Rz. 838; Brähler 2010, 470.

Neben Kapitalgesellschaften können auch Personengesellschaften und Einzelunternehmen wesentliche Beteiligungen innehaben, ebenso wie stille Beteiligungen und beteiligungsähnliche Darlehen.[96]

b) Die zweite Kategorie bilden Personen zwischen denen ein Beherrschungsverhältnis auf rechtlicher, ebenso wie tatsächlicher Grundlage besteht.[97] Dies können unter anderem beteiligungsähnliche Rechte und Unternehmensverträge im Sinne des Aktienrechts sein.[98] Allein die Möglichkeit einer Beherrschung erfüllt hierbei den Tatbestand einer „nahe stehenden Person".[99] Eine Beherrschung wird somit angenommen, wenn ein Unternehmen bspw. von einem Kapitalgeber oder einem Rohstofflieferanten abhängig ist, sowie bei personellen Verflechtungen auf der Ebene der Geschäftsleitung. [100]

c) Ein besonderer Einfluss der ein Nahestehen zweier Personen begründet, kann auch in einem „außerhalb der Geschäftsbeziehung begründeten Einfluss" bestehen. [101] Hierbei kann es sich bspw. um verwandtschaftliche Verbindungen handeln. Auch hierbei reicht die Möglichkeit aus einen solchen Einfluss ausüben zu können.[102]

d) Eine Interessensidentität wird angenommen, wenn der Stpfl oder sein Geschäftspartner ein geschäftliches oder persönliches Interesse an der Einkunfterzielung des jeweils Anderen haben.[103]

Da es sich bei einer „nahe stehenden Person" um eine vom Stpfl verschiedene Person handeln muss, sind grenzüberschreitende Geschäfte innerhalb eines Unternehmens, z.B. zwischen Stammhaus und Betriebsstätte, bzw. zwischen zwei Betriebsstätten desselben Stpfl, von dieser Regelung ausgeschlossen.[104]
Der Rechtsbegriff einer „nahe stehenden Person" war bereits Bestandteil des AStG vor der Reformierung 2008 und gilt allgemein als anerkannt. Aktuelle

---

[96] Vgl. Rz. 1.3.2.2 VWG-Verfahren.
[97] Dies gilt auch im Falle des Zusammenwirkens beider Merkmale.
[98] Vgl. Rz. 1.3.2.5 VWG-Verfahren.
[99] Vgl. Rz. 1.3.2.4 VWG-Verfahren.
[100] Vgl. Rz. 1.3.2.5 VWG-Verfahren; dazu auch Brähler 2010; S. 471.
[101] § 1 Abs 2 Nr. 3 AStG.
[102] Vgl. Rz. 1.3.2.6 VWG-Verfahren.
[103] Vgl. Rz. 1.3.2.7 VWG-Verfahren.
[104] Vgl. Brähler 2010, S. 473.

Diskussionen und Streitfragen bezüglich dieses Aspektes wurden nicht festgestellt.

2. Grenzüberschreitende Funktionsverlagerungen

Da den Begriffen „Funktion" und „Funktionsverlagerung"[105] eine wesentliche Bedeutung in der Analyse zukommt, wird an dieser Stelle ausführlich auf deren Begriffsbestimmungen und den Diskurs dazu eingegangen. Das AStG selbst gibt wenig Erläuterungen zur Abgrenzung der beiden Begriffe und spricht lediglich von einer Verlagerung einer Funktion (§ 1 Abs. 3 AStG).[106] Auf Basis der Ermächtigung nach § 1 Abs. 3 Satz 13 AStG wurden weitere Merkmalseigenschaften seitens des BMF in der FVerlV sowie den VG-FVERL definiert.

2.1 Der Begriff der Funktion

Nach § 1 Abs. 3 S. 9 AStG liegt eine FV vor, wenn *„eine Funktion einschließlich der dazugehörigen Chancen und Risiken und der mit übertragenen oder überlassenen WG und sonstigen Vorteile verlagert [wird]."* Die Beschreibung klingt tautologisch und erscheint zur Abgrenzung eines Tatbestandsmerkmals unzureichend.[107] Mit der Neuregelung des Außensteuerrechts wurde der Begriff „Funktion" somit als ein unbestimmter Rechtsbegriff eingeführt.[108] Eine genaue Bestimmung des Begriffs ist jedoch notwendig, um als klar beschriebene Bewertungsgrundlage dem Tatbestandsmerkmal der steuerlich relevanten Funktionsverlagerung dienen zu können.[109]

Die FVerlV unterstreicht den Bezug zur betriebswirtschaftlichen Sichtweise.[110] Demnach definiert § 1 Abs. 1 FVerlV die Funktion als *„eine Geschäftstätigkeit, die aus einer Zusammenfassung gleichartiger betrieblicher Aufgaben besteht, die von bestimmten Stellen erledigt werden."*[111]

---

[105] Da diese Analyse vorrangig die steuerliche Betrachtung des Tatbestandsmerkmals FV betrachtet, wird der Tatbestandsmerkmal der Geschäftsbeziehung an dieser Stelle nicht weiter beschrieben. Zur Definition des Begriffes „Geschäftsbeziehung Vgl. Brähler 2010, S.
[106] Vgl. Baumhoff, u.a. 2007, S. 1650, Brähler 2010, S.
[107] Vgl. Merkel 2010, S. 31, Kroppen 2010, S. 151.
[108] Vgl. Klapdor, S. 83, 88; Borstell/Schäperclaus, S. 275.
[109] Vgl Rz. 16 VG-FVERL, dazu auch Nestler Schaflitzl 2011, S. 235.
[110] Vgl. dazu auch Wöltjen 2011, S. 31.
[111] Ausführlicher zu den Merkmalen einer Geschäftstätigkeit vgl. Hofacker 2009, Rz. 259.

Gemäß § 1 Abs. 1 Satz 2 FVerlV ist eine Funktion darüber hinaus ein organischer Teil eines Unternehmens, ohne dass ein Teilbetrieb im steuerrechtlichen Sinne vorliegen muss. In der Verordnungsbegründung werden zur Definition, was als „organisch" gilt folgende drei Merkmale besonders hervorgehoben: Demnach soll eine gewisse wirtschaftliche Eigenständigkeit, ein darauf konkret allokierbarer Personalstamm sowie eine sachgerechte Abgrenzung der Gewinnauswirkungen charakteristisch sein.[112]

Die VG-FVERL zwei Jahre später schließen sich dieser Beschreibung an und ergänzen hierzu: „*Aus betriebswirtschaftlicher Sicht reicht es aus, dass die betroffenen Teilaufgaben einen inneren wirtschaftlichen und organisatorischen Zusammenhang erkennen lassen, d.h. dass für die fragliche Geschäftstätigkeit (Funktion) im Falle der Verlagerung für die beteiligten Unternehmen konkrete Zahlungsflüsse bzw. sachgerecht abgrenzbare Gewinnauswirkungen festgestellt werden können.*" [113]

Im allgemeinen Teil der VG-FVERL verdeutlicht der Verordnungsgeber seine Argumentation. Mit Verweis auf die relevanten OECD-Richtlinien heißt es dazu in Rz. 12 VG-FVERL: „*Ist die Funktionsverlagerung für den Konzern wirtschaftlich vernünftig, kann grundsätzlich davon ausgegangen werden, dass zum Zeitpunkt der Funktionsverlagerung (Rn. 156) Verrechnungspreise bestimmt werden können, die für alle beteiligten Unternehmen zu einem, dem Fremdvergleichsgrundsatz entsprechenden Ergebnis führen (Rz. 9.179 OECD Leitlinien)*"

Die Abgrenzung der übertragenden Aufgabenkomplexe und die entsprechende Zuordenbarkeit von Aufwand und Ertrag sind die entscheidenden Voraussetzungen um eine Wertschöpfungskette überhaupt identifizieren zu können.[114] Folgerichtig könnten die einzelnen Bestandteile der

---

[112] Vgl. TZ 2.1.1.2. VG-FVERL, dazu auch Frischmuth 2010, S. 95.
[113] TZ 2.1.1.2. VG-FVERL.
[114] Bsp. zur Allokation der Abgrenzung, laut Rz. 29 VG-FVERL:
  Bsp. 1: Das verlagernde Unternehmen hat im Hinblick auf das entstandene Gewinnpotenzial Kosten getragen, für die ihm keine fremdübliche Vergütung gezahlt wurde.
  Bsp. 2: Das verlagernde Unternehmen verfügte vor der Funktionsverlagerung über alle oder zumindest die wesentlichen WG (vor allem immaterielle WG) und das Personal, um das Gewinnpotenzial - ggf. auch unter Einschaltung Dritter - selbst realisieren zu können.

Wertschöpfungskette jeweils als Funktion angesehen werden, sobald im Verlagerungsfall eine Wirtschaftlichkeitsbetrachtung vorliegt.[115]

Chancen und Risiken, die bei der Verlagerung der Funktion mit übergehen, sind bei der zu erfolgenden Bewertung mit einzupreisen.[116] Das BMF bezeichnet die der Funktion innewohnenden Gewinnpotentiale, welche für die Preisfindung des Transferpakets maßgeblich sind, als Chancen und Risiken.[117] Sie dienen dem Verordnungsgeber gleichsam als Sammelbegriff für die bei der zu erfolgenden Bewertung weiter zu berücksichtigenden, der Funktion beigeordneten WG und sonstigen Vorteile.[118]

Die WG (insbesondere immaterielle WG)[119] und sonstige Vorteile, die der Funktion zugeordnet werden, sind gem. § 1 Abs. 3 Satz 9 AStG Bestandteil der Funktion und versetzen den Inhaber der Funktion erst in die Lage diese auszuüben.[120] Bezüglich materieller WG ist hier bspw. an spezielle Maschinen und sonstige Produktionsmittel zu denken. Immaterielle WG hingegen umfassen den wirtschaftstheoretischen Definitionen folgend den weiten Bereich zwischen materiellem Wirtschaftsgut und Nicht-Wirtschaftsgut.[121] Hinsichtlich der Ausübung einer Funktion sind demnach immaterielle WG wie bspw. Patente, Gebrauchsmuster oder Vertriebsrechte relevant. Die Abgrenzung zwischen immateriellen Vermögenswerten, die nach der Verkehrsanschauung noch selbstständig bewertungsfähig sind, und anderen immateriellen Vermögenswerten verläuft analog wirtschaftswissenschaftlicher Sichtweise fließend.[122] Die nicht mehr einzeln abgrenzbaren WG werden in ihrer Vielzahl als GoF abgebildet. Typische Beispiele für geschäftswertbildende Faktoren sind der Ruf der Unternehmung, die Qualifikation des Managements und der Belegschaft, Marktanteil oder das Betriebsklima. Der Gesetzgeber will die noch nicht zum selbstständig bewertbaren Vermögenswert erstarkten, geschäftswertbildenden Faktoren, die als werthaltig identifiziert werden, von den Vorschriften zur FV erfasst sehen.[123] Die Auffassung, dass es sich bei den sonstigen Vorteilen um

---

[115] Vgl. Blumers 2007, S. 1757; Wöltjen 2011, S. 28.
[116] Vgl. hierzu ausführliche Erläuterung zur Handhabung in Kap. C
[117] Vgl. BR-Drucks. 352/08, S. 12.
[118] Vgl. Wöltjen 2011, S. 36.
[119] Vgl. Rz. 16 VG-FVERL.
[120] Vgl. BR-Drucks. 352/08, 11.
[121] Vgl. Weber-Grellet 2006; Wöltjen 2011, S. 36ff..
[122] Vgl. Wöltjen 2011, S. 36.
[123] Vgl. Vgl. Oestreicher 2009, S. 83; Wöltjen 2011, S. 36.

geschäftswertbildende Faktoren handelt, wird, in dieser Argumentation, von Analogien bei deren Wertermittlung untermauert: Geschäftswertbildende Faktoren wie sonstige Vorteile sind keiner selbstständigen Bewertbarkeit zugänglich, so dass sich deren Wert nur als Residualgröße ermitteln lässt, ebenso wie der Wert der sonstigen Vorteile, der Übereinstimmungen mit dem Begriff des derivaten Funktionswertes aufweist.[124] Tz. 29 VG-FVERL beschränkt den Einbezug von derivaten Vermögenswerten nur auf Fälle, wenn fremde Dritte ebenfalls bereit wären dafür ein Entgelt zu leisten.[125]

Verdichtend zeichnet sich eine Funktion dadurch aus, dass deren Gewinnauswirkung, dazugehörenden WG, deren Chancen und Risiken für die beteiligten Unternehmen im Falle der Verlagerung sachgerecht abgrenzbar sind. Hier besteht eine wechselseitige Beziehung zwischen den WG und sonstigen Vorteilen einerseits und Gewinnpotentialen andererseits. Um der in Kapitel B. III. beschriebenen Informationsasymmetrie im Rahmen der Einzelbewertung entgegenzuwirken, weicht der Gesetzgeber an dieser Stelle vom handels- und steuerrechtlichen Einzelbewertungsgrundsatz zugunsten einer Gesamtbewertung ab.[126] Die Funktion erfährt durch die Verlagerung ins Ausland eine Behandlung als (Teil-)Unternehmensveräußerung. Die kausale Kette von der Funktionsgesamtbewertung hin zur Erfassung und Bewertung von insbesondere immateriellen WGn und sonstigen Vorteilen als Regelungsziel des Gesetzgebers besteht dabei im folgendem Zusammenhang: Die Funktionsbestandteile sind Grundlage um eine Funktion ausüben zu können. Die Ausübung der Funktion ist ihrerseits Grundlage, um die ihr anhaftenden Gewinnpotenziale zu heben. Dadurch spiegelt sich der Wert aller Funktionsbestandteile genau im Wert der mit der Funktion verbundenen Gewinnpotentiale wider.[127] Die nicht unmittelbar erkennbaren, sonstigen funktionsbezogenen Vorteile, die gleichfalls mit der Funktion übergehen, werden durch einen wertmäßigen Vergleich mit der Summe der Einzelpreise der „greifbaren" oder erkennbaren WG und Dienstleistungen transparent.

---

[124] Vgl. FRISCHMUTH 2009, S. 668; Wöltjen 2011, S. 36.
[125] Mit Verweis auf Tz. 9.93 f. OECD-TPG 2010.
[126] Vgl. Kap. B 2; dazu auch Brähler 2010, S. 474.
[127] Vgl. BR-Drucks. 352/08, S. 12; dazu auch Frischmuth, in: S/T/R 2009, S. 667.

Funktionsbegründende Merkmale wären demnach bspw. die eigenständige Erfassung im Zuge einer Profit-Center-, Kostenstellen- oder Segmentrechnung.[128] Eine Funktionsbetrachtung soll über die Bewertung von einzelnen WGn hinaus die Erfassung von sonstigen Vorteilen ermöglichen.[129] Insbesondere wird mit der Besteuerung von FV künftig auch ein anteiliger GoF erfasst.[130]

2.2 Streitfragen und Literaturmeinungen zum Funktionsbegriff

Im Fokus der gesetzgeberischen Absicht steht die Besteuerung der Verlagerung von immateriellen WGn, die, unter steuerlicher Anrechnung der Aufwendungen für deren Erzeugung, in Deutschland geschaffen wurden.[131] Dieses allgemein als berechtigt angesehene Regelungsziel[132] wird im Rahmen des fachlichen Diskussion in zahlreichen Punkten nicht mit den gesetzlichen Regelungen in Überstimmung gesehen.[133] Zunächst ist es zwar hilfreich, dass die VG-FVERL die relevanten Begriffe, auch anhand praktischer Beispielfälle, näher konkretisieren. Es muss jedoch konstatiert werden, dass dabei teilweise eine sehr weite Auslegung erfolgte, wodurch zusätzliche Interpretationsspielräume geschaffen wurden.[134]

Die Kritik am Funktionsbegriff des BMF bildet seit der UntStRef 2008 einen Schwerpunkt bei der Beurteilung der Umsetzung des § 1 AStG durch die Finanzverwaltung.[135] Insbesondere der grundsätzliche Ansatz eines GoF sowie die damit in Beziehung stehende Atomisierung des Funktionsbegriffes werden auch nach der Veröffentlichung der VG-FVERL weiterhin kritisiert. Hierzu im Einzelnen.

a) Grundsätzlicher Einbezug des Geschäftswerts

Kritisiert wird, dass die isolierte Bewertung und damit Verlagerung immaterieller WG nicht durch den Funktionsbegriff erfasst wird, der sich im Rahmen der Gesamtbewertung lediglich als nicht weiter definierte Residualgröße darstellt.[136] Als Folge einer auf Gewinnpotentialen basierenden Gesamtbewertung ist

---

[128] Vgl. Brüninghaus/Bodenmüller 2009, S. 1285f.; Wöltjen 2011, S. 28.
[129] Vgl. Welling 2007, S. 26.
[130] Vgl. Kroppen/Rasch 2010, S. 835.
[131] Vgl. IWB 2007, S. 229; Frischmuth 2010, S. 93; Kroppen 2010, S. 150.
[132] Vgl. Kroppen 2010, S. 154; Frischmuth 2011, S. 48; Vgl. dazu auch Kap. B 2.
[133] Vgl. Frischmuth 2010, S. 97; Kroppen/Rasch 2009, S. 827, Nestler/Schaflitzl 2011, S. 235; Greinert/Reichl 2011, S. 1182; Wöltjen 2011, S. 32ff.
[134] Vgl. Nestler/Schaflitzl 2011, S. 235.
[135] Vgl. Kroppen/Rasch 2008, S. 549; Kroppen/Rasch 2009, S. 790; Kroppen/Rasch 2010, S. 825.
[136] Vgl. Frischmuth 2010, S. 95; Kroppen 2010, S. 174, 179; Wöltjen 2011, S. 33ff..

demnach stets ein funktionsspezifischer GoF Bestanteil einer Funktion. Die Kritik lehnt diese Vorgehensweise ab. [137] KROPPEN schreibt in Bezug auf das übernehmende Unternehmen: „Was er gerade nicht bekommt, ist der Geschäftswert, der über die einzelnen WG hinausgeht."[138] Im Falle einer FV, z.B. der Verlagerung einer Produktionslinie, wird die bestehende Organisationseinheit nicht übertragen, sondern „zerstört"[139]. Wichtige Teile der Organisationseinheit, die für eine reibungslose Produktion notwendig sind, z.B. eine eingearbeiteten Belegschaft, ein optimiertes Produktionsmanagement (bspw. Wasseranschlüsse, Behördengenehmigungen) können nicht übertragen werden. Die im Transferpaket enthaltenen spezifischen Chancen und Risiken werden aus der Perspektive des übernehmenden Unternehmens demnach anders allokiert und sind im Rahmen einer Fremdvergleichsbetrachtung in diesem Umfang nicht vergütungsfähig.[140]

Dies scheint auch der BFH zu bestätigen. In seinem entsprechenden Urteil[141] ist zwar eine Übertragung eines GoF isoliert und ggf. anteilig möglich, dabei müssen jedoch auch entsprechende geschäftswertbildende Faktoren mit übergehen. Dies gilt jedoch nur in dem Fall, wenn der abgespaltene Teil seiner Organisation und Struktur nach lebensfähig und in der Lage ist, eigenständig am Wirtschaftsleben teilzunehmen.[142] Dies wird aber, wie eingangs zitiert, von der Finanzverwaltung aber ausdrücklich nicht als zwingend angesehen.[143]

Interessant erscheint diese Streitfrage insbesondere vor dem Hintergrund der Regelungsintention des Gesetzgebers immaterielle Vermögensgegenstände einer Bewertung zugänglich zu machen. Ziel der gesetzlichen Neuregelung war letztlich auch die Überwindung eines bereits länger schwelenden, sehr ähnlich gelagerten Meinungsstreits bezüglich der steuerlichen Entgeltpflicht der, aus dem Zivilrechtlich entlehnten „Geschäftschance" als zukünftigem Vermögensvorteil.[144] Die Übertragung der Geschäftschancenlehre[145] ins deutsche

---

[137] Vgl. Frischmuth 2010, S. 95; Kroppen 2010, S. 174, 179.
[138] Vgl. Kroppen 2010, S. 179.
[139] Ebd.
[140] Vgl. ebd.
[141] Vgl. BFH-Urteil, v. 27.03.2001, I R 42/00, BStBl. II 2001, 771.
[142] Vgl. Serg 2006, S. 206.
[143] Vgl. Tz. 2.1.5 VG-FVERL.
[144] Vgl. dazu ausführlich Serg 2006, S. 185-202.
[145] Die sog. „Geschäftschancenlehre" war vor der Novellierung des AStG 2008 das Instrument zur Erfassung derartiger Sachverhalte. Die Theorie war im Wesentlichen durch die BFH-Rechtssprechung zur Bewertung von Sachverhalten der „verdeckten Gewinnausschüttung"

Steuerrecht erfolgte auf Basis eines BFH-Urteil[146] und wurde seitdem regelmäßig bei Betriebsprüfungen thematisiert und war gleichzeitig in der Literatur heftig umstritten.[147] Letztlich scheint die Frage hinsichtlich der Bewertbarkeit von immateriellen Vermögensgegenständen insbesondere unterhalb der Schwelle zum Teilbetrieb auch durch die neu erlassenen zahlreichen Gesetzes- und Verwaltungsvorschriften i.R.d. Novellierung des § 1 AStG nach wie vor nicht hinreichend geklärt.

b) Atomisierung

Damit einhergehend und ebenfalls sehr intensiv besprochen wird in Fachkreisen das Problem der sog. Atomisierung.[148] Bereits nach der Veröffentlichung des Entwurfes der FVerlV wurde Kritik laut, dass trotz der Anwendungsvorschrift unklar bleibe, welche Elemente der (Teil-)Betriebsdefinition für die Funktion entbehrlich sind und welche erfüllt sein müssen.[149] Die Orientierung an der (Teil-)Betriebsdefinition stelle lediglich einen Anhaltspunkt für die Abgrenzung des Abstraktionsniveaus nach oben dar. BORSTELL und SCHÄPERCLAUS schreiben nach Veröffentlichung des Entwurfes der FVerlV 2008, dass man befürchten müsse, dass das BMF alle organischen Betriebseinheiten, die unterhalb der Teilbetriebsebene einzuordnen sind, als Funktion betrachtet. In der Praxis kämen somit nahezu alle Ebenen bis hinunter zur einzelnen Aktivität als Funktion in Frage. In diesem Zusammenhang wird von einer „Atomisierung"[150] des Funktionsbegriffs durch die Exekutive gesprochen.[151]

Die Kritik an der BMF-Begriffsauslegung zielt auf die im Gesetz vorgesehene Annahme ab, die Funktion als organischen Teil eines Unternehmens zu sehen.[152] Dieser organische Teil muss nicht notwendigerweise einen Teilbetrieb

---

entwickelt worden. Dieser Korrekturtatbestand beschrieb z.B. den Sachverhalt, wenn ein GmbH-Geschäftsführer in eigenem Namen vorteilhafte Verträge abschloss, die zuerst der GmbH angeboten worden waren und für die die GmbH auch die erforderlichen Ressourcen besaß. Entscheidendes Merkmal der Geschäftschance war, dass diese hinreichend konkretisiert und nahezu risikolos zu realisieren war. Dazu ausführlich Serg 2006, S. 185-197; Bodenmüller 2004, S. 289-292.

[146] Vgl. Wehnert/Sano/Selzer 2004, S. 209.

[147] Vgl. dazu mit zahlreichen Verweisen Serg 2006, S. 185; dazu auch Wasser 1997, S. 685, Borstell 2002, S. 208.

[148] Vgl. Kroppen 2010, S. 154; Kroppen/Rasch 2008, S.550ff.; Kroppen/Rasch 2010, S. 317; Merkel 2010, S. 42ff.; Wöltjen 2011, S. 43ff.; PWC 2011, S. 533f.

[149] Vgl. Auflistung der relevanten Artikel zu dieser Diskussion in Kroppen/Rasch 2008, S. 549, dazu auch Wöltjen, S. 28.

[150] Vgl. Borstel/Schäperclaus 2008, S. 277 f.; dazu auch Wöltjen 2011, S. 31.

[151] Vgl. Borstell/Schäperclaus 2008, S. 259; Kroppen/Rasch 2008, S. 549; Brünninghaus/ Bodenmüller 2009, S. 1285.

[152] Vgl. Wortlaut des § 1 Abs. 1 Satz 2 FVerlV sowie bereits Begründung zu § 1 Abs. 3 Satz 9 AStG, BT-Drucks. 16/4841 S. 86, Kroppen/Rasch 2011, S. 825.

begründen[153], diesem aber „wohl" sehr nahe kommen.[154] Je kleiner dabei die betrachtete Einheit, desto mehr entfernt man sich von dem, „ (...) was man einen organischen Teil nennen könnte." Dies gilt jedoch als wesentlich, wenn man Wirtschaftgütern einen Geschäftswert zuordnen will.[155]

Der Gesetzgeber knüpft an die FV damit die Rechtsfolgen der Übertragung eines Betriebs oder Teilbetriebs, wobei eine Deckungsgleichheit ausdrücklich nicht zwingend vorgeschrieben ist.[156] Dabei beschreibt der Teilbetriebsbegriff exakt den Teil einer unternehmerischen Funktion, der einer allgemein anerkannten Abgrenzung und Bewertung zugänglich ist.[157] Ein Unterschreiten dieser Ebene widerspricht demnach der Bewertung nach dem Fremdvergleichsgrundsatz.[158]

Daneben bestehen Bedenken hinsichtlich des hierfür notwendigen administrativen Aufwands zur Bewältigung der Dokumentationsvorschriften in der Masse der Funktionsverlagerungen und Geschäftsneugründungen, da die Glaubhaftmachung einer Nichtanwendung ebenfalls bei Steuerpflichtigen liegt.[159]

Der 2009 vorgelegte Entwurf der VG-FVERL bestätigte die allgemeinen Befürchtungen und beschrieb vielmehr eine Verschärfung der Grundsätze zur FV, „die sehr kritisch zu sehen ist."[160] Wie im Vorfeld vermutet, wird dies seitens des BMF mit Verweis auf § 1 Abs. 2 Satz 1 FVerlV begründet, wonach zur eindeutigen Abgrenzung einer Funktion von der übrigen Geschäftstätigkeit in Verlagerungsfällen es „lediglich" (Anm.d.Verf.) notwendig sei, die Funktion tätigkeits- und objektbezogen auszulegen.[161] Dazu benennt das BMF-Schreiben Beispiele[162] für eine Funktion und ergänzt hierzu: *„Eine Funktion kann insoweit z.B. die Produktion eines bestimmten Produkts oder einer bestimmten Produktgruppe, der Vertrieb eines bestimmten Produkts, einer bestimmten Produktgruppe oder eine bestimmte Geschäftstätigkeit für eine bestimmte Region sein."* [163]

---

[153] Vgl. Textlaut §1 Abs. 1 FVerlF.
[154] Vgl. Schreiber, Rz. 43, zitiert in Kroppen/Rasch 2009, S. 794.
[155] Vgl. Kroppen 2010, S. 164.
[156] Vgl. ausführlich zur Definition des Teilbetriebsbegriffs BFH v. 18.10.1999 XI R 96/96, BStBl II 2000, S. 123; dazu auch Kroppen 2010, S. S. 151.
[157] Vgl. dazu auch Frischmuth 2010, S. 96; Wöltjen 2011, S. 40f..
[158] Vgl. Kroppen 2010, S. 174.
[159] Vgl. § 1 Satz 5, 6; § 2 Satz 3; § 6; § 8 FVerV, dazu auch Lenz/Rautenstrauch 2010, S. 696; Frischmuth 2011, S. 49.
[160] Vgl. Kroppen/Rasch 2009, S. 794, Wöltjen 2011, S, 28.
[161] Vgl. Wortlaut zur Begriffsdefinition in Rz. 16 und 18 VG-FVERL.
[162] Rz. 15 VG-FVERL.
[163] RZ. 16 VG-FVERL.

Insbesondere die objektbezogene Definition erhöht das Risiko der Umqualifizierung einer eigentlich unschädlichen Neuaufnahme des Geschäftes im Ausland in eine steuerliche relevante FV.[164] Nach Ansicht von KROPPEN und RASCH versucht das BMF im Wege einer rechtlich nicht verbindlichen Verwaltungsanweisung eine Verschärfung des Gesetzesbefehls bzw. der sich aus der Rechtsverordnung ergebenden Definition der Funktion vorzunehmen und strebt ausdrücklich eine Atomisierung an.[165] Das BMF missachte mit seiner Auslegung des Funktionsbegriffes den Willen des Gesetzgebers, denn mit einem organischen Teil als Voraussetzung für die Annahme einer FV ist es nicht zu vereinbaren, wenn jedwede kleinstmögliche Einheit, wie z. B. der Vertrieb eines bestimmten Produkts für eine bestimmte Region, als Funktion qualifiziert wird.[166] In einer weiteren Kritik zur endgültigen Fassung der VG-FVERL 2010 sieht man in Rz. 2.1.1 VG-FVERL eine erhebliche Ausweitung des Anwendungsbereiches, die praktisch jedwede Geschäftstätigkeit als Funktion klassifiziert.[167] Angesichts der praktischen Relevanz wird dem Stpfl im Streitfall das Beschreiten des Rechtswegs empfohlen, um die jeweilige Abgrenzung der Funktion gerichtlich klären zu lassen.[168]

2.3 Der Begriff der „Funktionsverlagerung"

Im Rahmen der erstmaligen Anwendung der Gesetzesnovelle zum VZ 2008 wurde der Begriff der „Funktionsverlagerung" ebenfalls erstmalig in die deutsche Steuergesetzgebung eingeführt. Der Gesetzgeber übertrug auch an dieser Stelle dem Verordnungsgeber die genaue Festlegung und damit einen erheblichen Entscheidungsspielraum bei der Auslegung des Tatbestandsmerkmals.[169] Gem. § 1 Abs. 2 Satz 1 FVerlV liegt eine Funktionsverlagerung i.S.d. § 1 Abs. 3 Satz 9 AStG vor, wenn „*ein Unternehmen (verlagerndes Unternehmen) einem anderen, nahe stehenden Unternehmen (übernehmendes Unternehmen) Wirtschaftsgüter und sonstige Vorteile sowie die damit verbundenen Chancen und Risiken überträgt oder zur Nutzung überlässt, damit das übernehmende Unternehmen eine Funktion ausüben kann, die bisher von dem verlagernden Unternehmen ausgeübt*

---

[164] Vgl. Nestler/Schaflitzl 2011, S. 235.
[165] Vgl. Kroppen/Rasch 2009, S. 794.
[166] Vgl. Kroppen/Rasch 2010, S. 825f.
[167] Vgl. Kroppen/Rasch 2010, S. 825.
[168] Vgl. Kroppen/Rasch 2011, S. 826.
[169] § 1 Abs. 1 S. 9 AStG definiert eine Funktionsverlagerung als „das Verlagern einer Funktion". Die Formulierung mutet tautologisch an und erscheint zur Abgrenzung eines Tatbestandsmerkmals unzureichend. Kroppen 2010, S. 150; Merkel 2010, S. 31.

worden ist, und dadurch die Ausübung der betreffenden Funktion durch das verlagernde Unternehmen eingeschränkt wird.“
Im § 1 Abs. 2 Satz 2 AStG steht weiterhin geschrieben, dass eine *„Funktionsverlagerung [...] auch vorliegen [kann], wenn das übernehmende Unternehmen die Funktion nur zeitweise übernimmt.“*
In § 1 Abs 2 Satz 3 AStG steht, dass *„Geschäftsvorfälle, die innerhalb von fünf Wirtschaftsjahren verwirklicht werden, zu dem Zeitpunkt, zu dem die Voraussetzungen des Satzes 1 durch ihre gemeinsame Verwirklichung wirtschaftlich erfüllt sind, als einheitliche Funktionsverlagerung zusammenzufassen sind.“*

Wesentlich für eine Qualifikation einer Umorganisation als FV im steuerlichen Sinne ist demnach eine zumindest teilweise Einschränkung der Funktion beim verlagernden Unternehmen.[170] Dabei ist die tatsächliche Art und Weise der Funktionsausübung beim aufnehmenden Unternehmen unbeachtlich (Vgl. Abb.1).[171]
Die Zusammenfassung von Funktionen i.S.d. § 1 Abs. 2 Satz 3 AStG steht im Einklang mit der BFH-Rechtsprechung, wonach mehrere Geschäftsvorfälle zum Zweck einer steuerlichen Beurteilung zu einem Vorgang zusammengefasst werden können, wenn sie in einem zeitlichen und rechtlichen Zusammenhang stehen.[172] Satz 3 trägt der Tatsache Rechnung, dass eine FV nur selten in einem Veranlagungszeitraum zu vollziehen ist.[173]

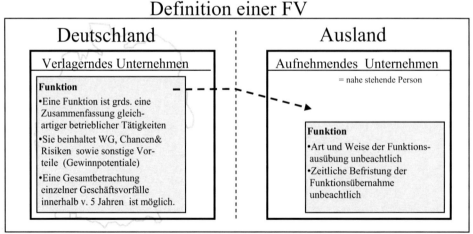

Abb. 1: Definition einer FV [in Anlehnung an Brähler 2010, Abb. 136]

---

[170] Vgl. § 1 Abs. 2 Satz 2.
[171] Vgl. Brähler 2010, S. 475; dazu auch Abb. 1.
[172] Vgl. BFH v. 27.10.2005, IX R 76/03, in: DB 2006, S. 429.
[173] Vgl. Abb. 1.

Mit der Umsetzung seines Zieles der Besteuerung von in Deutschland hergestellten immateriellen WGn bei der Verlagerung ins Ausland greift der Staat in einen sehr komplexen Mechanismus ein. Neben einer gesteigerten Rechtsunsicherheit in Bezug auf die Abgrenzung einer Funktion droht mit den neuen Regelungen ein nicht mehr zu bewältigender Dokumentationsaufwand, wolle man den Veränderungsfluss in Einzeltatbeständen erfassen[174] Die Unsicherheit bei der Definition von FV führt nach überwiegender Literaturmeinung mit hoher Wahrscheinlichkeit zur Beeinträchtigung des Investitionsklimas in Deutschland.[175]

Auf der Metaebene wird in den analysierten Beiträgen[176] die mangelnde Abgrenzung zum „Lizenz"-basierten Ansatz kritisiert, dem bis dato etablierten Modell zur Abgeltung von immateriellen WG bei Verlagerungen. Dabei würden vereinfachend dargestellt Umsätze, die der Funktion im Rahmen des aufnehmenden Unternehmens für einen üblichen Planungszeitraum zuzuordnen sind, ermittelt und mit dem Barwert der darauf festzusetzenden fremdvergleichsüblichen Lizenzgebühren bewertet. Diese gängigen Methoden zur Verrechnungspreisbildung stellen alternative Lösungen dar, insbesondere für die Fälle auf die sich eine (Teil-)Betriebsbewertung nicht anwenden lässt. [177]

FRISCHMUTH belegt an einem Beispiel, dass die Funktionsverlagerungsbesteuerung im Vergleich zu anderen Methoden und entgegen ihrer Intention nicht zwangsläufig zu einer höheren Bewertung führt, was die substantiellen Zweifel an der Konzeption des Gesetzgebers noch verstärkt.[178] Grundsätzlich wird jedoch befürchtet, dass es neben einer massiven Ausweitung der Dokumentationspflichten auch zu einer generell höheren Bewertung von Verlagerungsaktivitäten kommt, mit den oben benannten Folgen für den Investitions- und Forschungsstandort Deutschland.[179] Dem ist entgegenzuhalten, dass die Ausweitung der Bemessungsgrundlage proklamierte Gesetzesintention ist und auch darüber hinaus dargelegt wurde, dass nach Einschätzung vieler Autoren die meisten Verlagerungen nicht aufgrund

---

[174] Vgl. Kap. IV. Verschärfung der Dokumentationsvorschriften; Dazu auch Bernhardt 2010, S. 171.

[175] Vgl. mit zahlreichen Verweisen Bernhardt 2010, S. 171; Frischmuth 2010, 97; Kroppen 2010, S. 175.

[176] Vgl. Frischmuth 2010, S. 93, Kroppen 2010, S. 174, Endres u.a., in: PWC 2011, S. 533.

[177] Eine ausführliche Darstellung zur Vorgehensweise siehe Frischmuth 2010, S. 93; dazu auch Kroppen 2010, S. 174f..

[178] Vgl. Frischmuth 2010, S. 94f.

[179] Vgl. Kroppen 2010, S. 175.

steuerlicher Gesichtspunkte durchgeführt werden. Den steuerlichen Auswirkungen als einem Faktor von Mehreren eine derartige Bedeutung zuzusprechen erscheint im Hinblick auf die Masse[180] der aus Deutschland verlagerten Funktionen als fragwürdig. Zudem hat Gesetzgeber weitere Nichtanwendungsklauseln eingeführt, wodurch der Anwendungskreis um Routinefunktionen und Funktionen mit komplett einzelbewertungsfähigen Vermögensgegenständen bereinigt wurde.[181]

2.4 Formen von Funktionsverlagerungen

Die in den VG-FVERL benannten Beispiele für FV in Tz. 21 VG-FVERL können zusammengefasst in sechs folgend dargestellte Typen unterteilt werden (Vgl. Abb. 2).[182] Dabei geht die Finanzverwaltung grundsätzlich in den ersten drei Fällen, der Funktionsausgliederung, Funktionsausweitung und Funktionsabschmelzung von einem tatbestandserfüllenden Sachverhalt aus. [183]

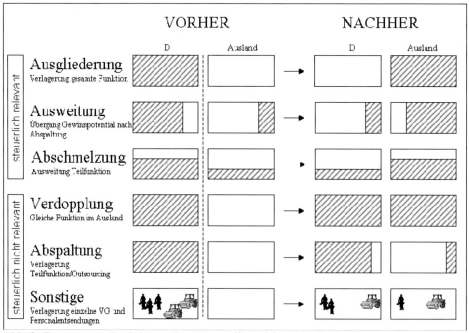

Abb. 2: Formen vom Funktionsverlagerungen [in Anlehnung an Endres u.a., in: PWC 2011]

---

[180] Vgl. Kap. B. I.
[181] Vgl. Kap. E.
[182] Vgl. dazu auch Brähler 2010, S. 476f; Endres, u.a., in: PWC 2011, S. 530f.
[183] Vgl. Endres, u.a., in: PWC 2011, S. 531.

a) Funktionsausgliederung

Die Funktionsausgliederung beschreibt den Regelfall einer FV, wenn eine Funktion von einem inländischen Unternehmen vollständig auf ein ausländisches, nahe stehendes Unternehmen übertragen wird.

b) Funktionsausweitung

Die Funktionsausweitung beschreibt die Verlagerung des Gewinnpotentials im Anschluss an eine Funktionsabspaltung. In diesem Fall übernimmt das bei der Funktionsabspaltung aufnehmende Unternehmen nach einem gewissen Zeitablauf weitere (Teil-)Funktionen und vergrößert damit den Umfang seiner Chancen und Risiken. Bspw. würde in dieser Konstellation eine zuvor als Lohnfertiger qualifizierte nahe stehende Person die von ihm selbst hergestellten Güter mit der Zeit selber vermarkten und so zum Eigenproduzenten werden.[184]

c) Funktionsabschmelzung

In diesem Fall überträgt ein inländisches Unternehmen Teile einer bisher komplett ausgeübten Funktion auf ein ausländisches nahe stehendes Unternehmen. Mit der Verminderung der Funktion geht auch eine Verminderung des Funktionsanteils und des Gewinnpotentials einher. Dieser Fall kann bspw. eintreten, wenn ein Eigenhändler zukünftig lediglich als Auftragsfertiger für eine ausländische nahe stehende Person tätig tätig werden würde.

Entsprechend den VG-FVERL sind FV von Funktionsverdoppelungen[185] und von Fällen der Neuaufnahme einer Geschäftstätigkeit zu unterscheiden. Folgende Formen von FV und Geschäftsvorfälle gelten nicht oder nur teilweise als steuerlich erheblich:

d) Funktionsverdopplung

Eine Funktionsverdopplung liegt vor wenn eine bisher ausschließlich im Inland ausgeübte und weiterhin fortgeführte Funktion von einem ausländischen nahe stehenden Unternehmen ebenfalls aufgenommen wird. Dabei ist nur dann von einer steuerlich relevanten FV auszugehen, wenn es innerhalb von fünf Jahren nach Aufnahme der Funktion durch die aufnehmende nahe stehende Person zu keiner Einschränkung bei der Ausübung der Funktion beim abgebenden

---

[184] Vgl. Endres, u.a., in: PWC 2011, S. 530
[185] Vgl. § 1 Absatz 6 FVerlV; Rz. 42-44 VG-FVERL.

Unternehmen kommt (zeitliche Restriktion).[186] Von einer Umqualifizierung einer Funktionsverdopplung in eine steuerlich relevante FV wird nach VG-FVERL ebenfalls abgesehen, wenn es nur zu einer geringfügigen oder zeitlich begrenzten Einschränkung der Ausübung der Funktion im Inland kommt (Bagatellfall).[187] Eine Einschränkung beim abgebenden Unternehmen ist nicht mehr als geringfügig anzusehen, wenn innerhalb des Fünf-Jahreszeitraums der Umsatz innerhalb eines Wirtschaftsjahres um mehr als 1 Mio. € absinkt.[188] Im Falle einer steuerlich relevanten Einschränkung bei Ausübung der Funktion bei der abgebenden Person, kann der Stpfl eine Besteuerung vermeiden, wenn glaubhaft gemacht werden kann, dass die Einschränkung „nicht in unmittelbarem Zusammenhang mit der Funktionsverdoppelung"[189] steht. Eine solche „unschädliche Einschränkung" kann bspw. vorliegen, wenn allgemeine Marktentwicklungen[190] ursächlich für die Einschränkung im Innland sind. Zur Glaubhaftmachung einer solchen nicht im Zusammenhang stehenden Einschränkung muss der Stpfl laut Rz. 40, 46 VG-FVERL darlegen, dass für die behauptete Tatsache eine überwiegende Wahrscheinlichkeit gegeben ist. Die Verordnung fordert vom Stpfl eine plausible Darlegung aller tatsächlichen, objektiven Umstände, die den Rückschluss zulassen, dass kein unmittelbarer wirtschaftlicher Zusammenhang besteht.

e) Funktionsabspaltung

Die Funktionsabspaltung beschreibt die Verlagerung einer Teil- Funktion an einen Auftragnehmer, z.B. an einen Lohnfertiger, der die Fertigung einer bestimmten Maschinenkomponente übernimmt oder bei Verlagerung konzerninterner Dienstleistungen. Einschränkend hierzu gilt, dass es zu keiner Auslösung einer ertragssteuerlichen Belastung für die Übertragung eines Transferpaketes kommt, wenn das übernehmende Unternehmen die übernommene Funktion ausschließlich für das abgebende Unternehmen ausführt und die Leistungen des übernehmenden Unternehmens nach der Kostenaufschlagsmethode vergütet werden.[191]

---

[186] Vgl. § 1 Abs. 6 Satz 1 FVerlV, dazu auch PWC 2011, S. 532.
[187] Vgl. Rz. 48 VG-FVERL.
[188] Vgl. Rz. 49 VG-FVERL.
[189] § 1 Abs 6 Satz 2 FVerlV.
[190] Konjunktureinbrüche, veränderte Marktsituation, oder ein verändertes rechtliches Umfeld. Vgl. Rz. 46, 47 VG-FVERL.
[191] Vgl. § 2 Abs. 2 FVerlV.

f) Negativabgrenzung

Der Begriff der FV i.S.d. § 1 Abs. 3 S. 9 AStG i.V.m. § 1 Abs. 1 und 2 FVerlV erfährt weitere, grundsätzliche Einschränkungen zu anderen Geschäftsvorfällen in § 1 Abs. 7 FVerlV i.V.m. Tz. 50 bis 60 VG-FVERL. Steuerlich grds. unbeachtlich sind demnach die ausschließliche Übertragung von WG oder Dienstleistungen, konzerninterne Personalentsendungen und Sachverhalte, die zwischen voneinander unabhängigen Dritten nicht als Erwerb oder Veräußerung einer Funktion angesehen würden.[192]

Auf der Ebene der Fragen zur Abgrenzung einer FV wird neben der Atomisierung die Ausweitung auf Subfunktionsebene in einer weiteren Dimension gesehen. Insbesondere entzündet sich die fachliche Kritik an der zeitweisen Übernahme einer Geschäftstätigkeit (§ 1 Abs. 2 Satz 2 der FVerlV i.V.m. Rz. 25 VG-FVERL). [193] Die Finanzverwaltung betrachtet wie beschreiben die zeitweise Übertragung eines Vertriebsrechtes für einzelne Produkte, Märkte oder Kunden als FV. Im Fall einer teilweisen FV verbleibt jedoch die Teilfunktion „Funktionsberechtigung" (i.d.R. Schutzrechte) beim abgebenden Unternehmen in Deutschland, während lediglich die Teilfunktion „Funktionsausübung" überlassen wird. Das deutsche Unternehmen bleibt als Funktionsberechtiger grds. in der Lage, das Recht auf Funktionsausübung wieder zu entziehen und anderweitig zu vergeben. Die Qualifizierung der Teilfunktion der Funktionsausübung als FV steht im Konflikt mit dem Erfordernis einer wirtschaftlichen Eigenständigkeit gem. Rz. 18 VG-FVERL. Diese wäre nur bei der Übertragung der Funktion mit samt der Schutzrechte gegeben. Deshalb weist die Funktion auf der Ebene des aufnehmenden Unternehmens keine Eigenständigkeit und damit keine Funktionsqualität auf. Die Annahme einer Vergütung seitens Dritter erscheint nicht angebracht. Für BORSTELL und SCHÄPERCLAUS sollte eine Definition, zuzüglich der vom Verordnungsgeber benannten Merkmale, zwingend das Charakteristikum der eigenen Lebensfähigkeit im Kontext des aufnehmenden Unternehmens enthalten, wodurch erst die Möglichkeit, nachhaltig Zahlungsströme generieren zu können, entsteht.[194] In Anbetracht der Regelungsstruktur des deutschen produktiven Sektors[195] resultiert die Annahme,

---

[192] Vgl. dazu auch Merkel 2010, S. 22.
[193] Vgl. Frischmuth 2010, S. 93ff.; Kroppen 2010, S. 2010, S. 174f.
[194] Vgl. Borstell/Schäperclaus 2009, S. 275; dazu auch Hofacker 2009, Rz. 260.
[195] Vgl. Frischmuth 2010, S. 93.

dass diese Form der FV wesentlich häufiger anzutreffen ist als die echte, endgültige Verlagerung als Asset Deal mit allen dazugehörigen materiellen und immateriellen WG, wodurch der Regelung eine umfangreiche praktische Bedeutung zukommt.[196]

Eine weitere Kritik erfährt die sog. „Substitution" im Bereich der Verlagerung von Produktionsfunktionen. Aufgrund einer produktbezogenen Betrachtung[197] durch werden ehemals steuerunschädliche Funktionsverdopplungen in FV umqualifiziert, wenn die im Inland verbliebene Funktion auf Grundlage verbesserter Umsatz- und Ertragserwartungen ein Nachfolgeprodukt entwickelt, vertreibt und die Produktion des alten Produktes damit ersetzt.[198] Durch die Produktsubstitution entsteht ein Unterschied zwischen der inländischen und der ausländischen, ehemals identischen Funktion, wodurch die Einschränkung der FV entfällt. Das BMF begründet seine Einschätzung damit, dass die bei der Produktion und dem Vertrieb des ursprünglichen Produktes und der Produktion und dem Vertrieb des Nachfolgeproduktes eingesetzte immaterielle WG sich grundsätzlich unterscheiden.[199] Diese Einschätzung wird kritisiert[200], da der inländische Produzent seine Geschäftstätigkeit nicht ändert, sondern diese unverändert fortführt. Das Tatbestandsmerkmal der Verlagerung wäre nicht erfüllt, da gem. § 1 Abs. 7 letzter Halbsatz FVerlV der Vorgang zwischen fremden Dritten nicht als Veräußerung oder Erwerb einer Funktion angesehen würde. Darüber hinaus ist eine Beziehung zwischen der Einschränkung der Produktion im Inland und der Produktionsaufnahme im Ausland wie dies lt. § 1 Abs. 6 FVerlV gefordert wird, bei den unterschiedlichen Produkten nicht erkennbar. Für die Überlassung des Produkt- und Produktions-Know-hows erscheint die Erhebung einer Lizenzgebühr als besserer Ansatz. Eine kapitalwertorientierte Transferpaketberechnung, wie von den Regelungen gefordert, würde in diesem Fall entfallen.[201] Die hier angewandte, sehr enge Auslegung des Funktionsbegriffes führt zu einer enormen Ausweitung des Anwendungskreises zu Lasten der Stpfl.[202] In den VG-FVERL machen hierzu keine entsprechenden Einschränkungen. Obgleich also die für einen Nachweis erforderlichen hohen Nachhalte- und Dokumentationspflichten in der Praxis eine

---

[196] Vgl. ebd.
[197] Vgl. Endres u.a., in: PWC 2011, S. 533.
[198] Vgl. Rz. 22-23 VG-FVERL.
[199] Vgl. PWC 2011, S. 533.
[200] Vgl. Kroppen/Rasch 2010, S. 826f; PWC 2011, S. 533.
[201] Vgl. Kroppen/Rasch 2010, S. 826f.
[202] Vgl. Endres u.a., in: PWC 2011, S. 533, Kroppen/Rasch 2010, S. 826f..

erhebliche Kritik erfahren haben, hält das BMF nach Ansicht von DILLER und GROTTKE weiterhin an der in § 1 Abs. 6 FVerlV eingeschlagenen Linie fest.[203] Dem ist entgegenzuhalten, dass in besonders deutlichen Fällen der Produktsubstitution Ausnahmen greifen, wie Sie in Rz. 119 VG-FVERL niedergeschrieben sind, und daher von der Finanzverwaltung zumindest nicht beanstandet wird, wenn in einem solchen Fall ein Verkaufspreis (Mindestpreis) von Null angesetzt wird. An dieser Stelle haben die Regelungen zur Besteuerung von FV durch die VG-FVERL durchaus eine Einschränkung erfahren.

3. Unübliche Bedingungen und Einkunftsminderungen

Die dritte Vorraussetzung zur Anwendung von § 1 AStG liegt vor, wenn zwischen den Beteiligten Bedingungen vereinbart wurden, die von denen abweichen, die fremde Dritte untereinander in gleichen oder ähnlichen Fällen vereinbart hätten (Fremdvergleichsgrundsatz). Infolgedessen muss als vierte Bedingung eine Minderung der Einkünfte des inländischen Stpfl vorliegen. Wie eingangs beschrieben handelt es sich hierbei sowohl um eine Prüf- als auch um eine Korrekturnorm. Zur Darlegung dieser beiden Tatbestandsmerkmale wird an dieser Stelle auf die Ausführungen des folgenden Kapitels verwiesen.

III. Rechtsfolgen des § 1 AStG

In diesem Kapitel sollen zunächst die allgemeinen Vorschriften zur Bewertung von Verrechnungspreisen i.S.d. § 1 Abs. 3 Satz 1-8 AStG dargelegt werden, da die Regelungen auch die Grundlage für die Transferpaketbewertung im Rahmen von FV darstellen. Die Regelungen zur Transferpaketbewertung nach § 1 Abs. 3 Satz 9 AStG werden dann ausführlich in Kapitel D dargestellt.

1. Dokumentation und Funktionsanalyse als Ausgangspunkt der Bewertung

Bei § 1 AStG handelt es sich um eine Korrekturvorschrift. Bei Eintreten aller vier o.g. Tabestandsvoraussetzungen, ist gem. § 1 Abs. 1 Satz 1 AStG eine Berichtigung der Höhe der Einkünfte vorzunehmen. Die Rechtsfolge des § 1 AStG besteht also darin, dass dem bei der Bestimmung der Höhe der Einkünfte zu

---

[203] Vgl. Diller/Grottke 2011, S. 217; dazu auch Frischmuth 2008, S. 868;.

ermittelnden Unterschiedsbetrag nach § 4 Abs. 1 Satz 1 EStG ggf. ein Korrekturbetrag hinzuzufügen ist.

Die Korrektur der Höhe des Unterschiedsbetrages wird außerhalb der Bilanz vollzogen.[204] Die mit einer nachträglichen Korrektur der Einkünfte verbundene Steuerbelastung kann für den Stpfl ein erhebliches Liquiditätsrisiko darstellen. Durch das Befolgen der Dokumentationsvorschriften nach § 90 Abs. 3 AO wird der Stpfl jedoch in die Lage versetzt, sich gegen nachträgliche Anpassungen des betreffenden Verrechnungspreises durch die Finanzverwaltung zu schützen.[205] Gleichzeitig bedient sich die Finanzverwaltung der Dokumentationsvorschriften, um das gegenüber dem Stpfl bestehende Informationsdefizit abzubauen.[206]

Bei der Auswahl der geeigneten Methode für den konkreten Fall kommt es auf die Art, den Umfang und die Qualität der verfügbaren Fremdvergleichsdaten, und im Weiteren auf die Vergleichbarkeit der Geschäftsbedingung zu Grunde liegenden Umstände an.[207] Diese werden wiederum durch die von den beteiligten Unternehmen ausgeübten Funktionen, die eingesetzten WG und die übernommenen Risiken definiert.

Die VWG-Verfahren aus dem Jahre 2005 sehen als grundsätzliche Anwendungshilfe zum AStG hierzu vor, dass Informationen über die wesentlichen eingesetzten WG, die Vertragsbedingungen, die gewählten Geschäftsstrategien sowie die für die Preisvereinbarung bedeutsamen Markt- und Wettbewerbsverhältnisse aufzuzeichnen und ggf. zu erläutern sind. Der Gesetzgeber sieht in § 1 Abs. 3 Satz 1 AStG vor, dass eine Funktionsanalyse durchzuführen ist.[208] Die Funktionsanalyse kann dabei als tabellarische Darstellung, einem sog. „star chart" erfolgen.[209]

Aus steuerlicher Sicht geht es bei der Funktionsanalyse darum, zu analysieren, welche Funktionen und Risiken ins Ausland verlagert werden.[210] Die dahinter stehende Erkenntnis ist, dass ein Geschäftspartner einen umso höheren Preis ansetzt, je mehr Funktionen und Risiken er übernimmt und je höher die von ihm eingesetzten Mittel im Rahmen der zu beurteilenden Geschäftsbeziehungen sind.

---

[204] Vgl. Wassermeyer, in: F/W/B, Rz. 809.
[205] Vgl. Kap. B. IV.; dazu auch Wöltjen 2011, S. 25.
[206] Vgl. ebd.
[207] Vgl. 4 Nr. 3a GaufzV ; dazu auch Serg 2006, S. 136.
[208] Tz. 3.4.11.4 VWG -Verfahren 2005.
[209] Vgl. dazu auch Abb. 3.
[210] Ausführlich zur Funktionsanalyse Vgl. Serg 2006, S. 136ff.; Hofacker, in: Haase 2009, Rz. 189; Frotscher 2009, Rz.. 592 ff..

Zwischen verbundenen Konzernunternehmen ist der Verrechnungspreis also davon abhängig, welches Konzernunternehmen welche Funktionen und Risiken beim Leistungsaustausch annimmt.[211]

Zu beachten ist weiterhin, dass die Risikoverteilung zwischen den Geschäftspartnern frei bestimmt werden kann.[212] Maßgeblich ist allein die Aufgabenverteilung, wie sie sich tatsächlich im Konzern darstellt und wie sie in der Funktionsanalyse zum Ausdruck kommt. Die Finanzverwaltung darf diese Funktionsverteilung nicht korrigieren, ebenso wie sie auch nicht fiktiv eine neue Organisationsstruktur annehmen darf. Es steht ihr jedoch frei zu überprüfen, ob die Preise, die die Konzernunternehmen dann für den Liefer- und Leistungsaustausch innerhalb dieser Funktionsverteilung vorgenommen haben, sachgerecht festgelegt worden sind.[213]

Die Funktionsanalyse war bereits vor der UntStRef 2008 Ausgangspunkt der steuerlichen Angemessenheitsprüfung von VP. Diese Betrachtungsweise erscheint allgemein als unstrittig und dient grundsätzlich als Instrument der betrieblichen Gewinnabgrenzung bei der Verlagerungsplanung.[214]

Die Darstellung auf der folgenden Seite soll einen Eindruck vom Aufbau einer Funktionsanalyse vermitteln.

---

[211] Vgl. Serg 2006, S. 137; Zech/Morlock 2009, S. 89.
[212] Vgl. Zech/Morlock 2009, S. 90.
[213] Vgl. Baumhoff in: F/W/B 2010, Anm. 809.
[214] Vgl. Serg 2006, S. 136; Schilling 2011, S. 1532f..

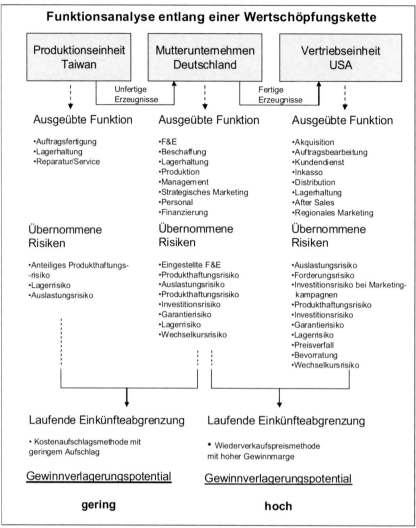

Abb. 3: Funktionsanalyse [in Anlehnung an Serg: 2006, S. 137.]

2. Ermittlung von Fremdvergleichspreisen

2.1 Verrechnungspreisermittlung nach § 1 Abs 3 AStG

Nach der Dokumentation der Abgrenzung der übertragenen Funktion erfolgt die Angemessenheitsprüfung der Verrechnungspreise. Der Gesetzgeber stellt mit § 1 Abs. 1 Satz 2 AStG zwei besondere Anforderungen an die Anwendung des Fremdvergleichgrundsatzes. Zum einen wird der Person des unabhängigen Dritten vollständige Kenntnis aller wesentlichen Umstände der Geschäftsbeziehung unterstellt. Zum anderen fingiert der Gesetzgeber auf beiden Seiten die Rechtsfigur des ordentlichen und gewissenhaften Geschäftsführers.

Darauf aufbauend ist die Funktion in der Gestalt des Transferpakets und analog der Methoden zur Ermittlung von Verrechnungspreisen im Rahmen einer

Geschäftsbeziehung zum Ausland mittels eines dreistufigen Verfahrens zu bewerten:[215]

1. Stufe

Bewertung auf Basis uneingeschränkt vergleichbarer Fremdvergleichspreise

2. Stufe

Bewertung auf Basis eingeschränkt vergleichbarer Fremdvergleichswerte

3. Stufe

Bewertung mittels eines hypothetischen Fremdvergleichs auf Basis von Gewinnpotentialen

Vereinfachend dargestellt kann man hier auch von einem zweistufigen Prüfschema ausgehen.[216] Auf den ersten beiden Stufen wird nach den „bekannten"[217] und international anerkannten Verrechnungspreismethoden zunächst geprüft, ob ein Vergleichspreis oder ein eingeschränkter Vergleichswert für die jeweilige FV ermittelt werden kann. Wenn dies nicht möglich ist, erfolgt darauf aufbauend in der 3. Stufe eine Simulation der Preisermittlung[218] auf Basis des sog. hypothetischen Fremdvergleiches.[219]

2.2 Bewertung auf Basis des tatsächlichen[220] Fremdvergleichs

Bei der Ermittlung des Verrechnungspreises auf der 1. Stufe wird ein Vorliegen von uneingeschränkt vergleichbaren Fremdvergleichspreisen vorausgesetzt. Laut Tz. 3.4.12.7 a) VWG-Verfahren 2005 liegt eine uneingeschränkte Vergleichbarkeit vor, wenn identische Geschäftsbeziehungen vorliegen, Unterschiede bei den Geschäftsbedingungen keine wesentlichen Auswirkungen auf die Preisgestaltung haben oder Unterschiede in den Geschäftsbeziehungen durch hinreichend genaue Anpassung beseitigt worden sind.[221] In diesem Fall besagt § 1 Abs. 3 Satz 1 Hs. 1 AStG, dass Verrechnungspreise vorrangig nach der Preisvergleichsmethode[222], der Wiederverkaufspreismethode[223] oder der

---

[215] Vgl. § 1 Abs 3 Satz 1 i.V.m. § 2 Abs. 1 FVerlV, dazu auch Brähler 2010, S. 481.
[216] Vgl. Kroppen 2010, S. 154.
[217] Vgl. Kroppen 2010, S. 154f; Wöltjen 2011, S. 26.
[218] Vgl. Wassermeyer u.a., in: F/W/B 2009, Anm. V 55; Hofacker, in: Haase 2009, Anm. 204.
[219] Vgl. Dazu noch einmal zusammenfassend Abb. 4.
[220] Vgl. Wöltjen 2011, S. 23.
[221] Vgl. Tz. 3.4.12.7 VWG -Verfahren 2005; dazu auch Brähler 2010, S. 480.
[222] "Comparable Uncontrolled Price Method". Vgl. Bodenmüller 2004, S. 69ff., Frotscher 2009, Anm. 577; Preisvergleichsmethode, in: Gabler 2011; Wöltjen 2011, S. 26.
[223] "Resale Price Method". Vgl. ebd.

Kostenaufschlagsmethode[224] zu bestimmen sind. Eine grundsätzliche Priorisierung einer Methode nimmt der Gesetz- und der Verordnungsgeber nicht vor, es sollte jedoch die Methode gewählt werden, die für den konkreten Sachverhalt am besten geeignet ist.[225]

Liegen keine uneingeschränkt vergleichbaren Fremdvergleichspreise vor, ist auf der 2. Stufe zu prüfen, ob eingeschränkt vergleichbare Fremdvergleichswerte zu Verfügung stehen.[226] Dabei ist der Fremdvergleichspreis selbst durch Anpassungsrechnungen der Höhe nach zu korrigieren, so dass die Einschränkung der Vergleichbarkeit der Fremdvergleichswerte aufgehoben wird.[227]

Werden mehrere mögliche uneingeschränkt, bzw. eingeschränkt vergleichbare Fremdvergleichspreise ermittelt, bilden diese Preise eine Bandbreite. Der Stpfl kann dann den für ihn vorteilhaftesten Wert dieser Bandbreite ansetzen.[228] Eine auf der 2. Stufe entstandene Bandbreite für eingeschränkt vergleichbare Fremdvergleichswerte ist nach Maßgabe des VWG - Verfahrens 2005 (Tz. 4.4.12.5.) zusätzlich einzugrenzen. Die Eingrenzung erfolgt hierbei mittels weitergehender Analysen (Bst a), Kontrollrechnungen mit anderen Verrechnungspreismethoden (Bst d.) oder als mathematisches Verfahren (Bst. c)[229]. Analog der vorher benannten 1. Stufe erfolgt im Falle der Annahme von Werten, die außerhalb der Bandbreite liegen eine Korrektur auf den Median.[230]

Der Median ist dadurch definiert, dass mindestens die Hälfte aller ermittelten Werte kleiner oder gleich und mindestens die Hälfte der Werte größer oder gleich dem angesetzten Median-Wert sind. Anders als beim Mittelwert haben einzelne Werte, die weit außerhalb der Wertemitte liegen beim Median eine geringere Bedeutung.[231]

---

[224] "Cost Plus Method". Vgl. OECD Verrechnungspreisrichtlinien (1995), Tz 2.32; Kostenaufschlagsmethode, in: Gabler 2011; Wöltjen 2011, S. 27, Bodenmüller 2004, S. 69ff; dazu auch Schaumburg 2011, Anm. 135.
[225] Vgl.Wöltjen 2011, S. 27, Bodenmüller 2004, S. 69ff.
[226] Vgl. §1 Abs. 3 Satz 2 AstG.
[227] Vgl. Tz. 3.4.12.7 VWG-Verfahren 2005; dazu auch Wassermeyer in: F/W/B, Rz.. V 43.
[228] Vgl. Wassermeyer in: F/W/B, Rz. V 26; Brähler 2010, S. 481; Wöltjen 2011, S. 27.
[229] Sieht die Einengung der Bandbreite um 25% der kleinsten und 25% der größten Werte vor. sog. interquartilen Bandbreite; VWG - Verfahren 2005; siehe auch Mössner/Führmann 2010, Rz. 32.
[230] Vgl. Brähler 2010, S. 483.
[231] Vgl. Median, in: Gabler 2011.

Der Median ergibt sich bei ordinal skalierten Stichproben nach folgender Berechnung:[232]

a)bei einer ungeraden Anzahl (n) von Fremdvergleichswerten (X):

$$X_{(n+1)/2}$$

b)bei einer geraden Anzahl (n) von Fremdvergleichswerten (X):

$$\frac{1}{2}(X_{(n/2)}+X_{(n/2)+1})$$

Werden bei Bestehen von Unterschieden in den Geschäftsbedingungen keine oder keine nachvollziehbaren Aufzeichnungen zur Vergleichbarkeitsprüfung vorgelegt, ist davon auszugehen, dass die Bedingungen unvergleichbar sind.[233] In diesem Fall ist gem. § 1 Abs. 3 Satz 5 AStG auf den hypothetischen Fremdvergleich abzustellen.

2.3 Bewertung auf Basis des hypothetischen Fremdvergleichs

Können weder uneingeschränkt noch eingeschränkt vergleichbare Fremdvergleichswerte festgestellt werden, erfolgt die Ermittlung des VP oder des Entgelts für das Transferpaket auf der 3. Stufe mittels des sog. hypothetischen Fremdvergleichs (§ 1 Abs. 3 Satz 5 AStG i.V.m. § 2 Abs. 1 Satz 2 FVerlV).[234]
Wie eingangs beschrieben erfolgt die Anwendung dieser Methode unter der fiktiven Kenntnis aller wesentlichen Umstände der Geschäftsbeziehung und nach dem Grundsatz des Handelns ordentlicher und gewissenhafter Geschäftsführer. Als wesentliche Umstände einer Geschäftsbeziehung müssen folgerichtig die für die Preisbildung entscheidenden Umstände verstanden werden. Da eine vollständige Information per se nicht möglich ist, kann nur auf Informationssymmetrie zwischen den Partnern der Geschäftsbeziehung abgestellt werden. Hiermit gemeint ist, dass die beiden unabhängigen Dritten der als Vergleich heranzuziehenden Referenztransaktion die gleichen wesentlichen Informationen über die Geschäftsbeziehung haben müssen.[235]

Darauf hin werden auf Basis von Funktionsanalysen und innerbetrieblichen Planrechnungen die Preiserwartungen beim leistenden bzw. verlagernden

---

[232] Vgl. ebd.
[233] Vgl. Tz. 3.4.12.7 VWG-Verfahren 2005; Rz. 64 VG-FVERL.
[234] Beschreibt ein Denkmodell bei dem das Sollverhalten des ordentlichen und gewissenhaften Geschäftsleiters durch „Nachdenken" ermittelt wird. Dazu Ausführlich in: Wassermeyer, in: Schaumburg 1994, S. 127 – 135.
[235] Vgl. Mössner/Fuhrmann 2010, Rz. 79.

Unternehmen und beim aufnehmenden Unternehmen definiert (§ 1 Abs. 3 Satz 6 AStG). Die Erwartungen finden dergestalt Berücksichtigung, dass der Leistende für den ihm entgangenen Aufwand gerade noch entschädigt wird (Preisuntergrenze; Grenzpreis) und der Leistungsempfänger mit dem ihm zuwachsenden Wert abzüglich des dafür geleisteten Entgelts gerade noch Gewinn erzielen kann (Preisobergrenze; Grenzpreis).

Die Preisspanne zwischen Preisuntergrenze und Preisobergrenze bildet nach § 1 Abs. 3 Satz 6 AStG den Einigungsbereich. Innerhalb des Einigungsbereiches ist der Wert anzusetzen, der dem Fremdvergleichsgrundsatz mit der höchsten Wahrscheinlichkeit entspricht. Wenn kein anderer VP glaubhaft gemacht werden kann, ist auf den Mittelwert des Einigungsbereichs abzustellen (§ 1 Abs. 3 Satz 7 AStG). Die hinter dieser Regelung stehende Überlegung geht davon aus, dass der Höchstpreis des Leistungsempfängers stets größer sein muss als der Mindestpreis des Leistenden, andernfalls käme unter üblichen Marktbedingungen kein Geschäft zu Stande. Denn aus rationalen und betriebswirtschaftlichen Erwägungen heraus muss davon ausgegangen werden, dass das Handeln zwischen den nahe stehenden Personen dadurch verursacht wird, dass die Funktion beim übernehmenden Unternehmen einer effektiveren Nutzung als beim abgebenden Unternehmen zugeführt werden kann.[236]

Bereits die VWG-Verfahren 2005 sahen für den Fall, dass die Standardmethoden zur Ermittlung von Fremdvergleichspreisen untauglich sind, nachrangig die Anwendung von gewinnorientierten Methoden vor. Diese gehen nicht vom Preis und von sonstigen Bedingungen aus, sondern orientieren sich an dem aus konzerninternen Lieferungen und Leistungen generierten Gewinn. Zu diesen Methoden zählen die „Gewinnaufteilungsmethode" (Profit Split Method) und die „Transaktionsbezogene Nettomargen Methode" (Transactional Net Margin Method – TNMM). Dabei werden Renditekennzahlen vergleichbarer Unternehmen (z.B. Nettomargen, Kostenaufschläge, bezogene Gewinndaten auf das eingesetzte Kapital, die eingesetzten WG, die operativen Kosten, den Umsatz, usw.) für einzelne Arten von Geschäftsvorfällen oder für gemäß § 2 Abs. 3 GAufzV zulässigerweise zusammengefasste Geschäftsvorfälle verwendet. Diese

---

[236] Vgl. Schaumburg 2011, Anm. 18.131, Mössner/Fuhrmann 2010, Rz.238-240.

Methoden finden insbesondere bei Fremdvergleichen im Rahmen von Routinefunktionen Anwendung.[237]

In der folgenden Abbildung (Abb. 4) ist die dargestellte Verrechnungspreisbildung bei Geschäftsbeziehungen i.S.d. § 1 Abs. 3 AStG noch einmal zusammenfassend dargestellt.

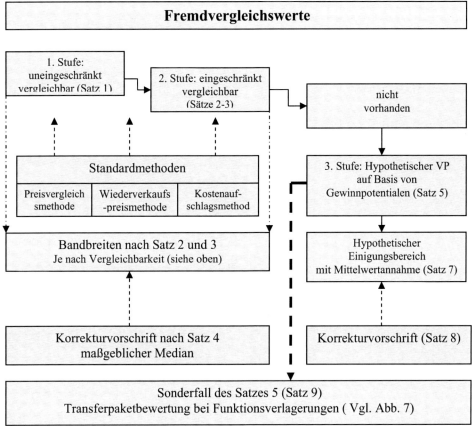

Abb. 4: Verrechnungspreisbildung nach § 1 Abs. 3 AStG [in Anlehnung an Frischmuth 2010, S. 49]

3. Streitfragen und Literaturmeinungen zum Fremdvergleichskonzept

Den Kern der Regelung des § 1 AStG stellt der in Abs. 1 Satz 1 AStG kodifizierte Fremdvergleich dar.[238] Die Literatur bestätigt zwar teilweise, dass die Legaldefinition des Fremdvergleichsgrundsatzes in § 1 Abs. 1 Satz 1 AStG, von rein sprachlichen Unterschieden abgesehen, denen in Art. 9 Abs. 1 OECD-MA

---

[237] Vgl. Tz. 3.4.10.3 b), zweiter Teilstrich VWG -Verfahren 2005; dazu auch Kap. D II.
[238] Vgl. Mössner/Fuhrmann 2010, Rz. 70.

entspricht und damit international anerkannten Grundsätzen zur Verrechnungspreisfindung.[239] Dennoch bestehen auch zahlreiche Kritikpunkte am deutschen Fremdvergleichsmodell und in den darin enthaltenen Detailregelungen, die im Folgenden näher beleuchtet werden sollen

Im Hinblick auf qualitative Mängel des Gesetzestextes ist die Formulierung in § 1 Abs. 1 S. 3 AStG, womit das bisher ungeklärte Konkurrenzverhältnis zu anderen Korrekturvorschriften klarzustellen versucht wird, nicht unerheblich.[240] Die Regelung normiert die bisherige Verfahrensweise der Finanzverwaltung und schafft eine Rechtsgrundlage in der festgeschrieben wird, dass eine Einkunftskorrektur gem. § 1 AStG ergänzend zu anderen Vorschriften anzuwenden ist, wenn die Anwendung des Fremdvergleichsgrundsatzes zu weitergehenden Berichtigungen führt.[241] Im Ergebnis, so die Kritik, wird dadurch einerseits eine Meistbegünstigungsklausel zugunsten des Fiskus geschaffen. Denn bisher war § 1 AStG subsidiär gegenüber den Regeln der vGA.[242] Andererseits machen die Ausführungen in Satz 3 den Ausdruck in Satz 1 "unbeschadet anderer Vorschriften", der zuvor das Konkurrenzverhältnis bestimmt hat, "überflüssig"[243].

Weiter Kritikschwerpunkte sind im Folgenden, nach ihrer Zugehörigkeit zum tatsächlichen und hypothetischen Fremdvergleich zusammengefasst, dargestellt.

3.1 Tatsächlicher Fremdvergleich

a) So unterstellt § 1 Abs. 1 Satz 2 Hs. 1 AStG zum einen die vollständige Kenntnis aller wesentlichen Umstände der Geschäftsbeziehung zwischen den voneinander unabhängigen Dritten, zum anderen fingiert der Gesetzgeber auf beiden Seiten die Rechtsfigur des ordentlich und gewissenhaft handelnden Geschäftsführers (§ 1 Abs. 1 Satz 2 Hs. 2 AStG).[244] Der durch das Voranstellen formal kodifizierte Bezug dieser Annahmen, auch auf den tatsächlichen Fremdvergleich, erscheint unplausibel, da bei der Möglichkeit der Ermittlung von realen Marktpreisen nicht davon ausgegangen werden kann, dass die sich daraus ergebenen Preise im Rahmen einer Informationssymmetrie zwischen

---

[239] Vgl. Klapdor, StuW 2008, 83f.; Jahndorf, FR 2008, 101f.; Schaumburg 2011, Rz. 18.125.
[240] Vgl. Klapdor, StuW 2008, S. 83.
[241] Vgl. Klapdor, StuW 2008, S. 85.
[242] Vgl. Kirschnik/Glaser 2008, S. 14.
[243] Wassermeyer u.a. in: F/W/G 2010, Anm. V 12.
[244] Vgl. Wöltjen 2011, S. 26f..

ordnungsgemäß und gewissenhaft handelnden Geschäftsleitern entstanden wären und die Annahmen folglich nur im Rahmen des hypothetischen Fremdvergleich relevant seien.[245] Da es darüber hinaus sogar wahrscheinlich ist, dass der Preisbildungsprozess auf realen Wettbewerbsmärkten regelmäßig nicht diesen Annahmen entspricht bzw. die Nachweisbarkeit der beiden Annahmen kaum möglicht ist, wären dieser Gedankenkette folgend Marktpreise für die Anwendung des Fremdvergleichsgrundsatzes generell nicht geeignet. „Durch die kontrafaktische Fiktion der Informationssymmetrie wäre daher der Kern des Fremdvergleichsgrundsatzes, der Vergleich mit beobachteten Marktergebnissen fremder Dritter, ausgeschlossen.“[246] MÖSSNER und FUHRMANN halten die Transparenzklausel, die Rechtsperson des ordentlichen und gewissenhaften Geschäftsführers und die fehlende Beschränkung auf den hypothetischen Fremdvergleich für „völlig missglückt“[247]. Für Frischmuth verdeutlicht dieser Umstand neben anderen, dass es der Neuregelung an einer sorgfältigen Unterscheidung zwischen dem tatsächlichen und dem hypothetischen Fremdvergleich fehlt.[248]

b) Weiterhin wird das Abstellen auf den Median der Bandbreite bei der Verrechnungspreisermittlung kritisiert. Nach der Verwaltungspraxis wurde vor dem VZ 2008 der für den Stpfl günstigere Wert innerhalb der ermittelten Bandbreite veranschlagt.[249] Nach § 1 Abs. 3. Satz 4 AStG ist nun der Median maßgeblich, wodurch im Vergleich zur vorherigen Regelung eine Verschlechterung für den Stpfl entsteht (Vgl. Abb. 8).[250] Darüber hinaus wird die Aussagekraft des Medians generell hinterfragt, da im Rahmen eines tatsächlichen Fremdvergleichs nicht davon ausgegangen werden kann, dass die Menge aller möglichen Vergleichswerte vollständig erhoben wird.[251] Weiter an Substanz gewonnen hat die Kritik durch ein Urteil des BFH.[252] Danach wird dem Stpfl zugestanden, jeden Wert der Bandbreite auswählen zu dürfen. Einengungen der

---

[245] Diese Sichtweise wird auch durch die Gesetzesbegründung gestützt, die Transparenzklausel insbesondere für den hypothetischen Fremdvergleich wichtig sei. „Dies bedeutet aber im Umkehrschluss, dass sie nicht ausschließlich nur für den hypothetischen Fremdvergleich, sondern allgemein gilt.“ Mössner/Fuhrmann 2010, Rz. 80.
[246] Mössner/Fuhrmann 2010, Rz. 81.
[247] Vgl. ebd.
[248] Vgl. Frischmuth IStR 2007, S. 485f.; dazu auch Merkel 2010, S. 24.
[249] Vgl.; Baumhoff 2001, S. 745f.; Hervé/Voltmer-Darmanyan/Hofer 2007, S. 196; Merkel 2010, S. 27.
[250] Vgl. Mössner/Fuhrmann 2010, Rz. 31 u. 194.
[251] Vgl. Kroppen/Rasch/Eigelshoven 2007, S. 2226.
[252] Vgl. BFH-Urteil, v. 17.10.2010, IR 103/00, BStBl. II 2004, S. 171.

Bandbreite werden danach ebenfalls als nicht fremdvergleichskonform angesehen.[253] BRÄHLER vertritt daher die Auffassung, dass der Gesetzgeber den Stpfl von einer für ihn günstigeren Festsetzung eines Wertes abzuhalten versucht.[254] Dem ist jedoch entgegenzuhalten, dass die OECD-TPG den Begriff des Median ebenfalls aufgreifen, so dass aus diesem Umstand keine besonderen Doppelbesteuerungsrisiken zu erwarten sind.[255]

3.2 Hypothetischer Fremdvergleich

a) Im Rahmen des hypothetischen Fremdvergleichs wird aufgrund eines tatsächlichen Geschäftsvorfalls ein Preisbildungsprozess zwischen zwei gesellschaftsrechtlich unabhängigen Vertragspartnern simuliert.[256] Aufbauend auf ein Denkmodell von Wassermeyer 1994[257] legt wie oben beschrieben der Gesetzgeber für das Handeln beider Vertragspartner die "Denkfigur" des ordentlichen und gewissenhaften Geschäftsleiters zu Grunde. Das Verhalten wird demnach durch einen Prozess des "Nachdenken(s)" ermittelt[258], wodurch, so KROPPEN ein erheblicher Ermessenspielraum geschaffen wird, der die Qualität der Methode als steuerliches Abgrenzungsinstrument stark mindern soll.[259]

b) Auch die o.g. Transparenzklausel ist an dieser Stelle ebenfalls Bezugspunkt deutlicher Kritik.[260] Durch die Fiktion, dass voneinander unabhängige Dritte vollständige Kenntnis aller wesentlichen Umstände der Geschäftsbeziehung haben, möchte der Gesetzgeber Fremdvergleiche ausschließen, die unter der Begründung von asymmetrischen Informationen zustande kommen. Das Fehlen einer solchen Ebene zeichne aber gerade die Verhandlungssituation nicht verbundener Unternehmen aus.[261] In der Realität verfügen unabhängige dritte Geschäftspartner gerade nicht über die gleichen Informationen, da diese i.d.R. keine Kenntnis über die wirtschaftlichen Geschäftsbedingungen oder

---

[253] Vgl. Mössner/Fuhrmann 2010, Rz. 32.

[254] Vgl. Brähler 2010; S. 481; Dazu auch Baumhoff/Ditz/Greinert 2007, S. 1463; Klapdor 2008, S. 87, Merkel 2010, S. 27f..

[255] Vgl. Kap. F.

[256] Vgl. Freytag 2007, S. 2194.

[257] Dazu ausführlich Wassermeyer in: Schaumburg 1994, S. 127 – 135, Kroppen 2010, S. 155 Fn. 22; Merkel 2010.

[258] Vgl. Wassermeyer 1994, S. 135; dazu auch Baumhoff in F/W/B, Anm. 361.

[259] Vgl. Merkel 2010, S. 28; Kroppen 2010, S. 155, Fn. 22.

[260] Vgl. Wassermeyer u.a. in: F/W/B 2009, Anm. V 8 ff; Frischmuth, in: S/T/R 2009, S. 656; Frischmuth, 2007, S. 486.

[261] Frischmuth 2007, S. 486.

Kalkulationsgrundlagen der Gegenseite besitzen.[262]Die Ebene, auf der Informationstransparenz jedoch herrscht, sei die übergeordnete Konzernebene. Daraus resultiert nach Ansicht von FRISCHMUTH, dass die Transparenzfiktion im Rahmen des hypothetischen Fremdvergleichs auch im Widerspruch zum internationalen „dealing at arm's length"-Grundsatz steht.[263]

c) Die Rechtsfigur des ordentlichen und gewissenhaften Geschäftsleiters dagegen trifft zumindest als Modelbaustein im Grundsatz auf Akzeptanz.[264] In einer Geschäftsbeziehung zwischen fremden Dritten wird der Preis durch Angebot und Nachfrage bestimmt. Da beide Vertragsparteien bestrebt sind, das für sie günstigste Ergebnis zu erzielen, erscheint das Konstrukt mit dem Fremdvergleich im Einklang. Kritisch anzumerken ist jedoch, dass die Denkfigur des ordentlichen und gewissenhaften Geschäftsführers als Konkretisierungsmaßstab für den Fremdvergleich international unbekannt ist und deshalb Verständigungsverfahren auslösen kann.[265]

d) Kritik besteht weiterhin am Mittelwert-Ansatz. BAUMHOFF, DIETZ und GREINERT sind der Ansicht, dass aufgrund des hypothetischen Charakters der Einigungsbereichsermittlung es kaum möglich erscheint, Wahrscheinlichkeiten auf einzelne Preise innerhalb des Einigungsbereichs zu verteilen. Es ist allenfalls möglich, sie zu erdenken.[266] Da ein anderer Wert aufgrund der „erdachten" Ergebnisse kaum präzise vom Steuerpflichtigen glaubhaft gemacht werden könne, ist folglich regelmäßig vom Mittelwert auszugehen.[267] Dem ist entgegenzuhalten, dass der Gesetzgeber mit der 2. Öffnungsklausel in § 1 Abs. 3 Satz 10 Hs. 2 genau für diesen Fall dem Stpfl eine Möglichkeit eröffnet hat, einen anderen VP als den Mittelwert anzusetzen (Vgl. Kapitel E. II.).

Die Beweislast, einen anderen sachgerechteren Preis als den Mittelwert zu verwenden, obliegt der Verantwortung des Steuerpflichtigen. FREYTAG sieht die Umkehr der Beweislast zu Lasten des Steuerpflichtigen im Widerspruch zur

---

[262] Vgl. Frischmuth 2007, S. 486; dazu auch Jenzen 2005, S. 9428; Kroppen/Rasch/Eigelshoven, Funktionsverlagerungen, 2007, S. 2215.
[263] Frischmuth 2007, S. 486.
[264] Vgl. Serg 2006, Wassermeyer 2007, S. 536; Klapdor 2008, 83, 85; Merkel 2010, S. 25; Baumhoff/Ditz/Greinert, S. 1464.
[265] Vgl. Kroppen/Rasch/Eigelshoven 2007, S. 2227; Klapdor 2008, S. 85.
[266] Vgl. BAUMHOFF/DITZ/GREINERT 2008, S. 1951.
[267] Vgl. Freytag 2007, S. 2196.

Amtsermittlungspflicht des § 88 AO. Danach hat die Finanzbehörde bei einem entscheidungserheblichen Sachverhalt von Amts wegen zu ermitteln.[268]

Darüber hinaus besteht ein zentraler Kritikpunkt am Mittelwert-Ansatz i.V.m. der Gewinnpotentialorientierung. Hiernach gehen Standortvorteile und Synergieeffekte, die originär Steuersubstrat des Landes des funktionsübernehmenden Unternehmens sind, in die deutsche Besteuerung über. An dieser Stelle sei auf die Ausführungen in Kapitel D. II. 2.2 hingewiesen.

e) Weitere Ausgestaltungsmängel werden bei § 1 Abs. 3 Satz 8 AStG gesehen. Entsprechend dieser Regelung kann von einer Korrektur abgesehen werden, wenn der zugrunde gelegte Verrechnungspreis innerhalb des tatsächlichen Einigungsbereichs liegt. Demnach würde es regelmäßig genügen nur eine der Preisgrenzen genau zu bestimmen. Eine solche Regelung benachteiligt den formal korrekt vorgehenden Stpfl gegenüber dem "falsch" rechnenden Stpfl.[269] Die Möglichkeit von § 1 Abs. 3 Satz 8 AStG Gebrauch zu machen sollte dem jeweiligen Finanzverwaltung obliegen. In der Gesetzesbegründung wird der Finanzverwaltung diesbezüglich ein Ermessensspielraum eingeräumt. Ob dieser Spielraum eher streng oder großzügig ausgelegt wird und damit eine Erleichterung eintritt, bleibt demnach abzuwarten.[270]

D. Transferpaketbewertung nach § 1 Abs. 3 Satz 9 AStG

I. Der Begriffs des Transferpakets

Nach § 1 Abs. 3 Satz 9 AStG wird die Funktion samt ihrer Chancen und Risiken und der mit übertragenen oder überlassenen WG und sonstigen Vorteile zu einem sog. „Transferpaket als Ganzes"[271] zusammengefasst, um regelmäßig einer Bewertung auf Basis von Gewinnpotentialen unterzogen zu werden.[272] Das Transferpaket beinhaltet somit ein Konglomerat aus allen denkbaren Liefer- und

---

[268] Vgl. Freytag 2007, S. 2196, Dazu auch Merkel 2010, S. 29.

[269] Vgl. Blumers 2007, S. 1760.

[270] Vgl. Frischmuth 2007, S. 489; Klapdor 2008, S. 88, Merkel 2010, S. 29.

[271] Seit der Änderung durch das Gesetz zur Umsetzung steuerrechtlicher EU-Vorgaben sowie zur Änderung steuerrechtlicher Vorschriften bringt § 1 Abs. 3 Satz 9 AStG den Gesamtbewertungsgrundsatz klar zum Ausdruck. Vgl. Mössner/Fuhrmann 2010, Rz. 454.

[272] Vgl. Kraft 2009, Anm. 402; Frischmuth 2010, S. 93.

Leistungsbeziehungen, ohne dass alle Komponenten einzeln zu isolieren und zu bewerten sind.[273]

II. Grundsätze der Transferpaketbewertung

Da der Tatbestand der FV neu in das AStG aufgenommen wurde, finden sich auch die Rechtsfolgen erstmalig im Regelwerk. Während jedoch beim Tatbestand nach gesetzgeberischer Ansicht nur Konkretisierungen des Fremdvergleichs vorgenommen wurden, wurde mit den Transferpaketregelungen etwas gänzlich Neues eingeführt.[274] Kommt es also zur Feststellung einer FV i.S.d. § 1 Abs. 1 Satz 1 ist nach § 1 Abs. 3 Satz 9[275]:

- „(...) auf die verlagerte Funktion Satz 5 [Hypothetischer Fremdvergleich] anzuwenden, weil (...) keine zumindest eingeschränkt vergleichbaren Fremdvergleichswerte vorliegen, (...)."

- und im Falle des hypothetischen Fremdvergleichs,
  „(...) hat der Steuerpflichtige den Einigungsbereich auf der Grundlage des Transferpakets unter Berücksichtigung funktions- und risikoadäquater Kapitalisierungszinssätze zu bestimmen."

Aus dem Wortlaut des Gesetzes geht hervor, dass auch für das Transferpaket das herkömmliche Stufensystem des § 1 Abs. 3 Satz 1-4 AStG gilt, wonach formal vorrangig ein tatsächlicher Fremdvergleich durchgeführt werden muss.[276] Jedoch wird das tatsächliche Primat des hypothetischen Fremdvergleichs bei FV und der daraufhin zu erfolgenden Ertragswertbetrachtung im Gesetzeswortlaut bereits vorformuliert.

Die FVerlV stellt in § 2 Abs. 1 ebenfalls klar, dass die Preisbestimmung für das Transferpaket vorrangig auf Grund uneingeschränkter oder eingeschränkter Fremdvergleichswerte vorzunehmen ist wobei alle weiteren Regelungen sich ausschließlich auf den hypothetischen Fremdvergleich beziehen.[277]

Auch die VG-FVERL bezeichnen das Transferpaket regelmäßig als Ausgangspunkt für die Verrechnungspreisbestimmung in Fällen von FV.[278]

---

[273] Vgl. Baumhoff/Ditz/Greinert 2008, 1945ff..
[274] Vgl. Kroppen 2010, S. 154f.; Zech/Morlock 2009, S. 94.
[275] Vgl. dazu auch Abb. 7.
[276] Vgl. Mössner/Fuhrmann 2010, Rz. 454; Brähler 2010, S. 475; Merkel 2010,
[277] Vgl. § 2 Abs. 1 FVerlV.
[278] Vgl. Rz. 29 VG-FVERL.

Ähnlich der Begründung zu § 2 Abs. 1 S. 1 AStG wird in den VG-FVERL[279] bereits hingewiesen, dass es auf Grund der meist individuellen Zusammensetzung des Transferpakets in der Praxis kaum möglich sein wird, tatsächliche Fremdvergleichswerte festzustellen und somit regelmäßig der hypothetische Fremdvergleich zur Anwendung kommt.[280] Der hypothetische Fremdvergleich kann demnach als Regelfall bei der Bewertung von Funktion im Verlagerungsfall bezeichnet werden, auch wenn die Methode konzeptionell nachrangig ist.

Folgend sollen nun die Transferpaketregelungen im Rahmen des tatsächlichen und hypothetischen Fremdvergleichs dargelegt werden. Wobei der Schwerpunkt analog der gesetzlichen Konstruktion auf dem hypothetischen Fremdvergleich liegt.

1. Bewertung des Transferpakets bei tatsächlichem Fremdvergleich

Da Funktionen auch zwischen fremden Dritten verlagert werden, besteht die Möglichkeit, zumindest für Routine- und Hilfsfunktionen konkrete Fremdvergleichswerte heranzuziehen.[281] In diesem Fall wird der Wert des Transferpakets[282] unter Bezug auf tatsächliche Fremdvergleichspreise mittels der in § 1 Abs. 3 Satz 1-5 AStG benannten Standardmethoden ermittelt. Wie bei den in Kapitel C. III beschriebenen Vergleichsvoraussetzungen i.S.d. tatsächlichen Fremdvergleiches kommt es auch bei der Transferpaketbewertung auf die Analyse der wirtschaftlich relevanten Bedingungen der Transaktion an.[283] Die im Rahmen der Funktionsanalyse ermittelten Anpassungsmengen auf den tatsächlichen VP müssen, bezogen auf die Funktion als Ganzes, äquivalent zum Gewinnpotential als Quelle der Preisermittlung sein.[284]

In § 2 Abs. 2 FVerV i.V.m. Tz. 2.2.2.1 VG-FVERL werden sog. „Routine"-Funktionen (z.B. Lohnfertiger) analog der „Outsourcing"-Regelungen der OECD-

---

[279] „Für ein Transferpaket, das ein Bündel von materiellen und immateriellen WGn und Vorteilen usw. umfasst, wird es - ungeachtet Rn. 61 - regelmäßig nicht möglich sein, uneingeschränkt oder eingeschränkt vergleichbare Fremdvergleichswerte i. S. d. § 1 Absatz 3 Satz 1 und 2 AStG festzustellen." Tz. 62 VG-FVERL

[280] Vgl. dazu auch Kroppen 2010, S. 154f; Brähler 2010, S. 482f..

[281] Vgl. Jahndorf, FR 2008, 101, 107; Baumhoff/Ditz/Greiner 2008, S. 1948.

[282] Abzustellen ist dabei auf das Transferpaket als Ganzes, nicht aber auf seine einzelnen Bestandteile. Dies bringt § 1 Abs. 3 Satz 9 AStG seit der Änderung durch das Gesetz zur Umsetzung steuerrechtlicher EU-Vorgaben sowie zur Änderung steuerrechtlicher Vorschriften nunmehr klar zum Ausdruck. Vgl. Mössner/Fuhrmann 2009, Rz. 74

[283] Vgl. Forster 2011, S. 22.

[284] Vgl. Wöltjen 2011, S. 50.

TPG definiert. Übt demnach das übernehmende Unternehmen die übergehende Funktion ausschließlich gegenüber dem abgebenden Unternehmen aus und gehen nur geringe Risiken oder nur immaterielle WG von geringem Wert bei der FV über, kann die Kostenaufschlagsmethode angewendet werden. Entsprechendes gilt, wenn nach Durchführung einer FV das übernehmende Unternehmen für die Ermittlung der Verrechnungspreise zulässigerweise eine auf den Kosten basierende, geschäftsvorfallbezogene Nettomargenmethode anwendet oder wenn ein solches Unternehmen eine das niedrige Risiko berücksichtigende Provision erhält.[285] Nach Tz. 64 Hs. 1 VG-FVERL ist eine schlüssige und detaillierte Begründung für die Auswahl der Vergleichsdaten und der daraus abgeleiteten Kennziffern unerlässlich, wenn für FV Preise und Daten aus vergleichbaren Geschäftsvorfällen verwendet werden.

Hinsichtlich der Bewertung dieses Sachverhaltes in der Literatur sei an dieser Stelle auf Kapitel E. I. verwiesen, in dem die Thematik i.Z.m. der ersten Öffnungsklausel noch einmal aufgegriffen wird.

2. Bewertung des Transferpakets bei hypothetischem Fremdvergleich

Im Rahmen einer grenzüberschreitenden FV zwischen nahe stehenden Personen erfolgt wie eingangs beschrieben regelmäßig eine Bewertung des Transferpakets auf Basis des hypothetischen Fremdvergleichs nach § 1 Abs. 3 Satz 5 ff. AStG. Dabei sind unter Bezug auf die OECD-Richtlinien bei der Ermittlung des Einigungsbereiches „*realistischerweise verfügbare und eindeutig vorteilhaftere Handlungsalternativen*"[286] des Übertragenden, sowie des übernehmenden Unternehmens zu berücksichtigen, die jedem unabhängigen Dritten zu Verfügung stehen würden, ohne die unternehmerische Dispositionsfreiheit der Handelnden infrage zu stellen.[287]

In die Ableitung der jeweiligen Grenzpreise sind gem. § 3 Abs. 2 Satz 1 FVerlV i.V.m. Rz. 93 VG-FVERL alle konkreten Standortvor- und Nachteile, sowie Synergieeffekte in die Bewertung einzubeziehen. In Rz. 93 VG-FVERL werden die Qualität der Infrastruktur und des Personals, ebenso wie Unterschiede in der Steuerbelastung als Beispiele für Standortvorteile bzw. -nachteile benannt. Dabei ist es nicht entscheidend, welches Unternehmen durch seine Tätigkeit das

---

[285] Vgl. Tz. 2.2.2.1 VG-FVERL.
[286] "Realistically Available Option" Vgl. Tz. 9.57, 9.148 ff. OECD-TPG.
[287] Vgl. dazu § 7 Abs. 1 Satz 2 VFerlV, Tz. 2.3.2.5. VG-FVERL.

Entstehen dieser Vor-/Nachteile bewirkt. Es kommt darauf an, welches Unternehmen diese Vor- oder Nachteile in den fiktiven Preisverhandlungen in Anspruch nehmen könnte bzw. tragen müsste.[288] Die Grenzpreisberechnung erfolgt demnach auf die konkrete Standortsituation hin. In dem wahrscheinlichen Fall, dass auf Seiten des übernehmenden Unternehmens Vorteile bestehen, fällt der Käufergrenzpreis eben um jene Effekte höher aus als der Verkäufergrenzpreis. Die Aufteilung dieser Vorteile erfolgt bei der Festlegung des VP im Rahmen des Einigungsbereiches.[289]

2.1 Regelmäßige Bewertung nach IDW Standard

Da sich die mit der Funktion verknüpften Gewinnpotenziale häufig nicht direkt bestimmen lassen, schreibt § 3 Abs. 2 FVerlV deshalb die sog. indirekte Methode vor. Dabei stellt sich die Bewertung (VP) als Differenz des Gesamtgewinnpotentials vor und nach der FV dar.[290] Diese Regelung entsprecht der Mehrgewinnmethode des IDW Standards „S 5" (Grundsätze zur Bewertung immaterieller Vermögenswerte). Dafür muss jeweils eine Planrechnung für den Fall inklusive des Ergebnisbeitrages aus der Funktion sowie eine Planrechnung exklusive des Funktionsbeitrages erstellt werden. Aufgrund der zur Bildung des Einigungsbereiches notwendigen Ermittlung eines jeweiligen Höchst- und Mindestpreises muss diese Prozedur unter Anwendung derselben Methode[291] sowohl beim abgebenden, wie auch übernehmenden Unternehmen erfolgen, was unter dem Strich zu einer vierfachen Unternehmensbewertung führt. Dadurch finden sämtliche Standortvorteile oder -nachteile und Synergieeffekte Eingang in die Bewertung.[292]

Die VG-FVERL folgen an dieser Stelle nicht die Regelung in § 3 Abs. 2 FVerlV und stellen die direkte Methode der indirekten Methoden gleich (Rz. 31 VG-FVERL). Analog Tz. 27 IDW S1 (Gründsätze zur Durchführung von Unternehmensbewertungen) umfasst das Wahlrecht auch innerbetriebliche Verfahren, solange diese Bewertungsmethoden anerkannten Standards nicht widersprechen und grundsätzlich plausibel sind.[293] Grundlage für die Berechnungen sind somit nach § 3 Abs. 2 Satz 2 FVerlV i.V.m. Rz. 86 VG-

---

[288] Vgl. Rz. 93 VG-FVERL.
[289] Vgl. Rz. 93 VG-FVERL; dazu auch BB 2011, S. 1539.
[290] Vgl. dazu auch Rz. 91 VG-FVERL.
[291] Vgl. Rz. 84 VG-FVERL.
[292] Vgl. § 3 Abs. 2 Satz 1 FVerlV.
[293] Vgl. Rz. 86 VG-FVERL.

FVERL die Unterlagen, die Grundlage für die Unternehmensentscheidung waren die FV durchzuführen.[294]

Die VG-FVERL[295] beziehen sich erstmals, abhängig von dem Charakter und der Bedeutung der jeweiligen Funktion und den darin enthaltenen immateriellen VG[296], ausdrücklich auf standardisierte, kapitalwertorientierte Verfahren nach IDW Standards und internationale Standards wie bspw. ISO 10668.[297] In der internationalen Praxis verbreitet und von den deutschen Finanzbehörden anerkannt[298] sind neben dem Ertragswert- auch die DCF-Verfahren[299]. Der Funktionswert wird dabei generell mittels Diskontierung zukünftiger angenommener Gewinne auf den Bewertungsstichtag ermittelt. Bei Annahme der Fortführung der Funktionstätigkeit erfolgt darüber hinaus der Ansatz eines Residualbetrages in Form einer „ewigen Rente".[300] Die Kapitalisierung der Nettoerträge erfolgt mit einem Zinssatz der die Risiken und Chancen in Bezug auf vergleichbare Alternativanlagen widerspiegelt.[301] Folgende grundlegende Berechnungswege sind dabei zu unterscheiden:

Tab. 1: Berechnung des Barwertes bei unterschiedlichen Kapitalisierungszeiträumen[302]

Unendlicher Kapitalisierungszeitraum		
$PV = \dfrac{X}{r}$	$PV = \dfrac{X}{(r-g)}$	$PV = \displaystyle\sum_{t=1}^{T} \dfrac{X_t}{(1+r)^t} + \dfrac{X_T}{(1+r)^T}\dfrac{(1+g)}{(r-g)}$
Bestimmter Kapitalisierungszeitraum		
$PV = \displaystyle\sum_{t=1}^{T} \dfrac{X_t}{(1+r)^t}$		

Nach § 3 Abs 2 Satz 3 FVerlV i.V.m. Rz. 84 VG-FVERL bedarf es also, analog kapitalwerttheoretischer Herangehensweise, der Festlegung folgender Eingangsvariablen zur Ermittlung des Funktionswertes[303]:

---

[294] Vgl. § 3 Abs. 2 Satz 2 FVerlV.
[295] Vgl. Rz. 63 und 87 VG-FVERL.
[296] Vgl. Rz. 89 VG-FVERL.
[297] International Standard on monetary brand valuation
[298] Vgl. Tz. 2.3.2.4 VG-FVERL; Mössner/Fuhrmann 2010, Rz. 467.
[299] Vgl. Schilling 2011, S. 1534.
[300] Vgl. Abschnitt 2.2.1 b); dazu auch Böhm/Siebert 2008, S. 14.
[301] Vgl. Rz. 84 VG-FVERL.
[302] Vgl. Ernst/Schneider/Thielen 2008, S. 39
[303] Vgl. Tz. 23 IDW S 5; Dazu auch Baumhoff/Ditz/Greiner 2008, S. 1949;
Oestreicher/Hundeshagen, 2009, S. 147.

a) Festlegung der Gewinnpotentiale (§ 1 Abs 4 FVerlV i.V.m. Tz. 31 VG-FVERL)

b) Festlegung des Kapitalisierungszeitraumes (§ 6 FVerlV i.V.m. Rz. 109 ff. VG-FVERL)

c) Festlegung eines angemessenen Kapitalisierungszinssatz (§ 5 FVerlV i.V.m. Rn. 104 ff. VG-FVERL)

a) Festlegung der Gewinnpotentiale

§ 1 Abs. 4 FVerlV definiert die Gewinnpotentiale (Gewinnerwartungen) einer Funktion. Maßgeblich sind demnach die jeweils zu erwartenden Reingewinne nach Steuern (Barwerte), auf die ein ordentlicher und gewissenhafter Geschäftsleiter aus der Sicht des verlagernden Unternehmens nicht unentgeltlich verzichten würde und für die ein solcher Geschäftsleiter aus der Sicht des übernehmenden Unternehmens bereit wäre, ein Entgelt zu zahlen.[304]

Weitere Konkretisierungen der Begriffe „Reingewinn" und „Steuern" finden sich in den VG-FVERL Tz. 31 bezeichnet nur die finanziellen Überschüsse nach Fremdkapitalkosten und Steuern aus dem Transferpaket als wertrelevant, die als Nettoeinnahmen während der erwarteten wirtschaftlichen Nutzungsdauer generiert werden. Hinsichtlich nicht zahlungswirksamer Ergebnisbeiträge sei weiterhin eine sachgerechte Korrektur vorzunehmen.[305] Schulden werden im Rahmen von FV regelmäßig nicht übertragen, gleichwohl kann deren Einfluß auf die Gewinngröße mittels eines angepassten Kapitalisierungszinsatzes Eingang in die Bewertung finden.[306]

Der Ertragswert- und der DCF-Ansatz definieren ihrerseits Ausgangswerte, die folglich mit dem Anforderungsprofil des Gesetzgebers übereinstimmen. Danach besteht je nach Üblichkeit im Konzern ein Wahlrecht, ob der Reingewinn aus dem EStG, HGB, IFRS, US-GAAP oder nach einer internen Methode (z.B. dem CF-Verfahren) abgeleitet wird.[307] Bei internen Berechnungen können beide Methoden als gleichwertig angesehen werden. Sollen hingegen externen Daten verwendet werden, wird üblicherweise, aufgrund besserer Datenlage das Ertragswertverfahren verwendet.[308] Die Grundlage des Ertragswertverfahrens

---

[304] Vgl. § 1 Abs. 4 FVerlV.
[305] Vgl. Rz. 34 VG-FVERL.
[306] Vgl. Schilling 2011, S. 1536; dazu auch Kapitel D. II. 2.2.1 b.
[307] Vgl. Mössner/Fuhrmann 2010, Rz. 470.
[308] Vgl. Crüger/Riedl 2011, S. 205.

bildet die Kennzahl EBIT, während die DCF-basierten Methoden auf Einzahlungsüberschüße (CF) abstellen.

aa) EBIT

Die Kennzahl EBIT (Earning Before Interest and Taxes)[309] ist eine Ertragsgröße und gibt das operative Ergebnis eines Unternehmens vor Zinsen und Steuern wieder.[310] Der EBIT wird verwendet um Unternehmensergebnisse international vergleichbar zu machen, da die spezifischen Steuer- und Finanzierungsstrukturen ausgeblendet werden. Die Stärken der Kennzahl EBIT liegen in der einfachen und durchschaubaren Berechnung sowie in der besseren Verfügbarkeit dieser Daten und Vergleiche, zumindest bei börsennotierten Gesellschaften. Die Vereinfachungen sind gleichzeitig auch Hauptkritikpunkt dieser Methode, da eine Einschätzung der Realität häufig nur i.V.m. anderen Kennzahlen möglich ist.[311] Aufgrund der Vorteile bei der Vergleichbarkeit gilt der EBIT als populärer gegenüber dem Cashflow im Rahmen von Unternehmenswertermittlungen.[312]

ab) Cashflow

DCF-Ansätze stellen im Zeitpunkt der FV auf die Summe aus Barwerten künftiger periodenspezifischer Einzahlungsüberschüsse nach Fremdkapitalkosten und Steuern ab.[313] Der Cashflow kann direkt über die Gewinn- und Verlustrechnung hergeleitet[314] oder indirekt über die Bilanzwerte abgeleitet werden.[315] Nach der Bereinigung der Eingangsdaten soll der effektive Mittelzufluss an die Eigenkapitalgeber stehen.[316] Der Cashflow ist somit eine Kennzahl zur Beurteilung der Liquiditätslage in einem Unternehmen.

Bei Einbezug externer Vergleichsdaten ist demnach meist nur die indirekte Methode anwendbar, wobei auch hier keine allgemein anerkannte Methode existiert.[317] Zur Vermeidung methodenbedingter Missverständnisse wird daher die Veröffentlichung der vollständigen Berechnungen angeraten.[318]

ac) Steuern

---

[309] Vgl. Tab. 3; dazu ausführlich Krause/Aurora 2008, S. 16.
[310] Vgl. Tabelle 2.
[311] Vgl. Crüger/Riedl 2011, S. 204.
[312] Vgl. Crüger/Riedl 2011, S. 205.
[313] Vgl. Abschnitt 2.2.1 b); dazu auch Böhm/Siebert 2008, S. 14.
[314] CF = Ertragseinzahlungen – Aufwandsauszahlungen.
[315] Vgl. Kause/Aurora 2008, S. 75.
[316] Vgl. Ernst/Schneider/Thielen 2008, S. 36.
[317] Vgl. Cashflow nach DVGA/SG, in: Tab. 3: Kennzahlen
[318] Vgl. Crüger/Riedl 2011, S. 205.

Von den „Reingewinnen" abzuziehen sind demnach auch „Steuern". Nach Tz. 2.1.4.2 VG-FVERL sind die Ertragsteuern des Unternehmens und grundsätzlich auch die persönlichen Ertragsteuern der Anteilseigner zu berücksichtigen.[319] Bei Kapitalgesellschaften kann demzufolge auch die Ebene der Anteilseigner berücksichtigt werden. Im Unterschied dazu müssen bei Personengesellschaften und natürlichen Personen die persönlichen Steuern des jeweiligen Anteilseigners berücksichtigt werden.[320] Aus Vereinfachungsgründen wird nach Rz. 34 VG-FVERL pauschal davon ausgegangen, dass die Nettozuflüsse aus dem Transferpaket und die Nettozuflüsse aus einer vergleichbaren Alternativinvestition im Falle einer Ausschüttung auf Anteilseignerebene der Kapitalgesellschaft einer vergleichbaren persönlichen Besteuerung unterliegen. Der Stpfl kann daher wählen, ob die unmittelbare Berücksichtigung dieser Steuerfolgen erfolgt oder pauschaliert Eingang in die Bewertung findet. [321] Aus Gründen der Äquivalenz ist bei Ansatz von persönlichen Steuern bei der Ermittlung des Kapitalisierungszinssatzes grundsätzlich ebenfalls eine ertragsteuerliche Kürzung vorzunehmen.[322] Nach internationaler Praxis kann man davon ausgehen, dass der Einbezug persönlicher Einkommenssteuern zunehmend eine Ausnahme in der Bewertung von Kapitalgesellschaften darstellt.[323] So wird im Rahmen von Rechnungslegungsstandards oder OECD-Reglements grundsätzlich auf ein Verrechnungspreiskonzept ohne Berücksichtigung von Steuern abgestellt.[324] Weder nach ISO-Norm 10668 noch in den OECD-TPG aus 2010 derartige Bestandteile vorgesehen.[325]

ad) Steuereffekte aus dem Erlös

Des Weiteren schreibt Rz. 118 VG-FVERL im Gegensatz zur Entwurfsfassung vom 17.09.2009 vor, dass für die Berechnung des Mindestpreises des verlagernden Unternehmens auch dessen Steuerbelastung auf den Ertrag aus der Veräußerung der verlagerten Funktion zu berücksichtigen ist. So soll eine Berücksichtigung der steuerlichen Belastung aus dem Veräußerungsgewinn (sog. „Exit Tax") den Mindestpreis erhöhen.[326] Auf der Käuferseite würde es in Folge

---

[319] Vgl. Mössner/Fuhrmann 2010, Rz. 471.
[320] Vgl. Ebd.
[321] Vgl. Mössner/Fuhrmann 2010, Rz. 472.
[322] Vgl. § 5 Satz 1 FVerlV; Vgl dazu auch Fn. 360.
[323] Vgl. Kasperzak/Nestler 2010, S. 136.
[324] Vgl. Nestler/Schaflitzl 2011, S. 238
[325] Vgl. Greinert/Reichl 2011, S. 1185; Wittendorf 2010, S. 394.
[326] In Abhängigkeit vom maßgeblichen Kapitalisierungszinssatz, der Nutzungsdauer und dem Unternehmenssteuersatz des Käufers wird ein Aufschlagfaktor ermittelt, der vereinfachend das

dessen zu einer Aktivierung der Mehrpreises in Form eines „Tax Ammortizations Benefit" („TAB") kommen und somit zur Entstehung von Abschreibungspotential auf der Käuferseite führen.[327] Die Aktivierungsmöglichkeit ausländischer Steuerbelastung in Deutschland als Kaufpreisbestandteil im Rahmen einer Inbound-Verlagerung[328] soll ein positives Signal darstellen und die Wettbewerbsfähigkeit Deutschland als Investitionsstandort stärken.[329]

b) Festlegung des Kapitalisierungszeitraumes

§ 6 FVerlV stellt, analog IDW S 1, auf einen unbegrenzten Kapitalisierungszeitraum ab, solange keine Gründe für einen bestimmten, von den Umständen der Funktionsausübung abhängigen Kapitalisierungszeitraum glaubhaft gemacht werden. Der Gesetzgeber rechtfertigt die Annahme eines Endloszeitraums mit der Ähnlichkeit der FV mit einer (Teil-)Betriebsveräußerung als Anlass für eine Unternehmensbewertung.[330] In der Mehrzahl der Fälle ist im Rahmen von Unternehmensbewertungen von einer unbegrenzten Lebensdauer auszugehen. Im Rahmen von DCF-Bewertungen dominiert der Residualbetrag sogar häufig den Gesamtbarwert der diskontierten Gewinnbeträge.[331] Die Festlegung des Kapitalisierungszeitraums hat daher wesentlichen Einfluss auf die Berechnung der Höhe des Gewinnpotenzials.

Die VG-FVERL hingegen binden die Annahme eines unendlichen Kapitalisierungszeitraumes eindeutig an die Erfüllung der (Teil-)Betriebskriterien, bzw. an eine wirtschaftlich eigenständige Lebensfähigkeit i.S.d. Tz. 85 IDW S 1. *„Je weiter dagegen die verlagerte Funktion unterhalb der Schwelle eines Teilbetriebs liegt, umso eher kann ein begrenzter Kapitalisierungszeitraum sachgerecht sein."*[332]

Da die Dauer des Kapitalisierungszeitraums erhebliche Auswirkungen sowohl auf den Mindestpreis als auch auf den Höchstpreis hat, ist dieser Aspekt auch ein wesentlicher Prüfungsschwerpunkt.[333] Gründe für die Annahme eines begrenzten

---

Abschreibungspotential widerspiegelt und den Höchstpreis des Käufers erhöht. Vgl. Anlage, Bsp. 1B) und C). Dazu auch Greinert/Reichs 2011, S. 1183.

[327] Dazu ausführlich vgl. Greinert/Reichl 2011, 1182

[328] Beschreibt den Fall, dass eine Funktion von einem ausländischen Unternehmen auf ein inländisches Unternehmen verlagert wird.

[329] Vgl. Rz. 125 VG-FVERL, dazu auch Greinert/Reichl 2011, S. 1184.

[330] Vgl. auch Mössner / Fuhrmann 2010 Rz. 477f.; Böhm/Siebert 2008, S. 14.

[331] Nach IDW S 1 wird meist von einer unendlichen Nutzungsdauer „Useful life" ausgegangen, welche in maßgeblicher Weise den Unternehmenswert bestimmt. Vgl. Böhm/Siebert 2008, S. 14.

[332] Rz. 109 VG_FVERL.

[333] Vgl. ebd.

Kapitalisierungszeitraumes können z. B. der Technologie- oder Produktlebenszyklus sein oder bei entsprechender Ausgestaltung bspw. die Dauer eines Patentschutzes, die Dauer des Vertriebsrechtes oder die garantierte Dauer der Funktionsausübung.[334] Grundsätzlich sollte die Nutzungsdauer in Abhängigkeit dazu gewählt werden, wie lange der Stpfl seine Motive zur FV erfüllt sieht.[335] Wird also vom Stpfl ein begrenzter Kapitalisierungszeitraum veranschlagt, sind die Begrenzung zu begründen sowie Einflussfaktoren aus betriebswirtschaftlicher Sichtweise zu ermitteln.[336] Auf Basis von unternehmensinternen Kalkulationen oder handels- und steuerrechtlichen Unterlagen wären Abschreibungszeiträume als korrespondierende Größe für eine Deckelung heranzuziehen. Die im Fokus der Betrachtung stehenden immateriellen VG, die auf der Seite des Funktionsaufnehmers in Gestalt des derivaten Firmenwertes zu aktivieren sind, hätten bspw. nach § 7 Abs. 1 Satz 3 EStG eine maximale Abschreibungsdauer von 15 Jahren.[337] Die VG-FVERL präzisieren im Falle eines begrenzten Kapitalisierungszeitraumes bei Lizenzierungen, dass nach Ablauf zu prüfen ist, ob die betreffenden immateriellen VG weiter verwendet werden. Sollte die Geschäftstätigkeit des übernehmenden Unternehmens über den Kapitalisierungszeitraum hinaus fortgesetzt werden, so ist dann zu prüfen, ob eine neue FV vorliegt.[338] Wenn einzelne Bestandteile des Transferpakets eine unterschiedliche Nutzungsdauer aufweisen, ist nach Ansicht der Finanzverwaltung[339] eine Orientierung an der längsten Nutzungsdauer – unter Berücksichtigung einer ggf. erforderlichen Gewichtung – sachgerecht.[340]

c) Festlegung des Kapitalisierungszinssatzes

Der dritte maßgebliche Einflussfaktor bei der Barwertberechnung ist der Kapitalisierungszinssatz. Nach § 1 Abs. 3 Satz 9 AStG muss dieser die Eigenschaften „funktions- und risikoadäquat" besitzen. Die beteiligten Unternehmen, so die Begründung, sollen durch die FV nicht schlechter gestellt sein als durch eine vergleichbare alternative Investition am Kapitalmarkt.[341] Nach § 5 FVerlV ist zur Bestimmung des jeweils angemessenen Kapitalisierungszinssatzes unter Berücksichtigung der Steuerbelastung vom Zins

---

[334] Vgl. Rz. 110 VG-FVERL;
[335] Ausführlich dazu vgl. OECD, Verrechnungspreisrichtlinien (2010), Tz. 9.57.
[336] Vgl. VÖGELE 2010, S. 422.
[337] Vgl. dazu auch Vögele 2010, S. 422.;Wöltjen 2011, S. 57
[338] Vgl. Rz. 113 VG-FVERL.
[339] Vgl. Rz. 110 VG-FVERL.
[340] Vgl. Mössner/Fuhrmann 2010, Rz. 477.
[341] Vgl. BR-Drucks. 352/08, S. 19.

für eine risikolose Investition auszugehen, auf den ein funktions- und risikoadäquater Zuschlag vorzunehmen ist. Diese Festlegung entspricht der Ermittlung des Kapitalisierungszinses nach dem CAPM[342] und damit analog der Standards nach IDW S 1[343] und IDW S 5[344]. Beide Größen sind entweder vor oder nach persönlichen Ertragssteuern anzusetzen. Sie sind aber in jedem Fall äquivalent zu der Berücksichtigung persönlicher Ertragssteuern bei der Ermittlung der Reingewinne nach Steuern zu berücksichtigen.[345]

Eine Betrachtung der Fälle mit einer spezifischen Finanzierungsstruktur, wie sie bei der Diskontierung mit einem gewichteten Kapitalkostensatz (WACC) durchgeführt wird, entfällt an dieser Stelle, da in der Regel keine Verbindlichkeiten mit der Funktion übertragen werden.[346]

Für die Berechnung des Kapitalisierungszinssatzes (i_e) nach dem CAPM wird folgende Formel zugrunde gelegt:

$$i_e = i_B + ß * (\mu_M - i_B)$$

Somit hängt der anzuwendende Kapitalisierungszinssatz i_e von folgenden drei Komponenten ab: dem risikolosen Basiszinssatz i_B, dem Betafaktor ß, sowie die Verzinsung des Marktportefeuilles μ_M. Teilweise wird der Faktor zur Bestimmung der effektiven Ertragssteuern als weiterer Einflussfaktor auf den CAPM definiert.[347]

ca) Der risikolose Basiszinssatz als erster Baustein des CAPM ist abhängig von der Laufzeit der Investition. Zur richtigen Ermittlung des Basiszinssatzes sind risikolose Investitionen heranzuziehen, deren Laufzeit mit der der betreffenden Funktion übereinstimmen (z. B. Zins für laufzeitäquivalente öffentliche Anleihen) im jeweiligen Land.[348]

---

[342] Capital Asset Pricing Modell; Vgl. Dazu auch Abb. 6.
[343] Vgl. IDW S 1, Tz. 92, Tz. 114 ff; Tz. 123.
[344] Vgl. IDW S 1, Tz. 43 ff.
[345] Vgl. Wagner/Saur/Willershausen 2008, S. 737.
[346] Vgl. Schilling 2011, S. 1539, ausführlicher zum WACC-Ansatz Müller in Müller/uecker/Zehboldt 2006, S. 301.
[347] Vgl. Mössner Fuhrmann 2010, Rz. 473.
[348] Vgl. § 5 Satz 2 FVerlV. Mit Hilfe von Modellrechnungen und statistischen Verfahren wird aus Zero-Bond Zinssätzen ein für alle Perioden einheitlicher Basiszinssatz abgeleitet. Vgl. IDW S 5, Tz. 45 ff.; Vgl. Wagner/Saur/Willershausen 2008, 731, 738;

cb) Der Basiszinssatz ist um einen funktions- und risikoadäquaten Zuschlag zu ergänzen. Die Zuschläge für beide Unternehmen sollen sich an den marktüblichen Renditen orientieren, die für die Ausübung vergleichbarer Funktionen erzielt werden.[349] Die zweite Komponente des CAPM ergibt sich demnach aus dem Produkt der Marktrisikoprämie μ_M mit einem Beta-Faktor ß. Die Marktrisikoprämie gibt die Rendite des entsprechenden Gesamtmarktes an, in dem sich das Unternehmen bewegt (z.B. Dax oder EURO-STOX).[350] Der Beta-Faktor bildet die relative Kursschwankungsbreite von börsennotierten Unternehmen im Verhältnis zum Gesamtmarkt ab. In Bezug auf die FV zeigt der Beta-Faktor dann die Volatilität der verlagernden Funktion an, so dass die Höhe des Risikozuschlags von der Unsicherheit der künftigen finanziellen Überschüsse bestimmt wird.[351] Damit werden die mit der Funktion zusammenhängenden Chancen und Risiken sowie die grundsätzliche Risikoaversion des Wirtschaftssubjektes, nach welcher zukünftige Risiken stärker gewichtet werden als zukünftige Chancen, berücksichtigt.[352]

Bei der Ermittlung des individuellen Beta-Faktors kann von den Gewinnerwartungen des Gesamtunternehmens ausgegangen werden, wobei der verlagerten Funktion ein angemessener Anteil am zu erwartenden Gesamtgewinn zuzuordnen ist, der als Zuschlag auf eine risikolose Investition heranzuziehen ist.[353] In der Regel wird hierbei aus Praktikabilitätsgründen auf Vergleichsunternehmensrichtwerte (sog. Peer-Groups) zurückgegriffen.[354]

Abb. 5: Aufbau des CAPM [Quelle: Schmeisser 2010, Folie 66]

cd) Wie bei den Reingewinnen ist auch bei der Festlegung des Kapitalisierungszinssatzes grundsätzlich eine ertragsteuerliche Kürzung vorzunehmen[355], da auch Erträge aus Alternativinvestitionen mit unterschiedlichen Ertragsteuern belastet werden. Werden die erwarteten Gewinne

---

[349] Vgl. VG-FVerl, Tz. 2.5.3.
[350] Vgl. Crüger/Riedl 2011, S. 208.
[351] Vgl. Baumhoff/Ditz/Greinert 2008, S. 1952.
[352] Vgl. Mössner/Fuhrmann 2010, Rz. 475.
[353] Vgl. Rz. 106 VG-FVERL; Hierzu ausführlich Oestreicher/Hundeshagen 2009, S. 834.
[354] Vgl. dazu ausführlich Ernst/Schneider/Thielen 2009, S. 65ff..
[355] Vgl. § 5 Satz 1 FVerlV.

aus dem Transferpaket bei Kapitalgesellschaften um die Steuern der Gesellschafter gekürzt, ist der Kapitalisierungszinssatz gleichfalls um die Steuern der Gesellschafter zu reduzieren.[356] Gleiches gilt für Personenunternehmen, wenn die Vereinfachungsregelung i.S.d. Tz. 2.1.4.2 VG-FVERL in Anspruch genommen wird.[357] Der so ermittelte Kapitalisierungszinssatz entspricht dem aus der Unternehmensbewertungslehre stammenden Tax-CAPM.[358]

2.2 Auswahl des Verrechnungspreises

Nach der Gegenüberstellung der Grenzpreise des Transferpaketes aus Sicht von abgebenden und aufnehmenden Unternehmen entsteht der Einigungsbereich aus dem der Verrechnungspreis auszuwählen ist.[359] Während die Preisobergrenze des Einigungsbereichs durch die Ertragsaussichten des übernehmenden Unternehmens determiniert wird[360], muss bei der Bestimmung der Preisuntergrenze zwischen drei Fallgruppen unterschieden werden:[361]

a) Das funktionsabgebende Unternehmen erzielt einen Gewinn mit der Ausübung der Funktion. In diesem Fall ergibt sich die Untergrenze des Verhandlungsrahmens (Mindestpreis des Einigungsbereichs) aus dem Ausgleich für den Wegfall oder die Minderung des Gewinnpotenzials zuzüglich der gegebenenfalls anfallenden Schließungskosten.[362]

b) Das verlagernde Unternehmen ist künftig nicht mehr in der Lage die verlagerte Funktion in Zukunft betriebswirtschaftlich sinnvoll auszuüben, z. B. weil die Verlagerung zwingend vom Kunden verlangt wird oder weil aufgrund der räumlichen Entfernung zum Markt eine direkte Belieferung durch das verlagernde Unternehmen zukünftig nicht mehr sinnvoll wäre. In diesem Fall entspricht der Mindestpreis des verlagernden Unternehmens regelmäßig dem Liquidationswert der nicht mehr benötigten WG. Bei der Ermittlung des Liquidationswerts sind

---

[356] Vgl. dazu auch IDW S 1.

[357] Vgl. Mössner/Fuhrmann 2010, Rz. 476.

[358] Im Rahmen der Ermittlung des TAX-CAPM ist ferner die steuerliche Abzugsfähigkeit der Fremdkapitalkosten zu berücksichtigen (das sog. Tax-Shield). Dazu ausführlich Watrin/Stöver 2011, S. 60-64.

[359] Vgl. Abb. 7.

[360] Vgl. § 7 Abs. 4 Satz 1 FVerlV.

[361] Vgl. dazu auch Brähler 2010, S. 486f.

[362] Vgl. § 7 Abs. 1 Satz 1 FVerlV. Beispiele für Schliessungskosten: Sozialpläne f. ausscheidende Mitarbeiter, Kosten für Maschinenverschrottung, Leerstandskosten. Vgl. Diller/Grottke 2011, S. 220.

auch die Schließungskosten zu berücksichtigen, weshalb der Wert der Funktion insgesamt auch negativ sein kann.

c) Das verlagernde Unternehmen erzielt aus der Funktion dauerhaft Verluste. In diesem Fall ist der niedrigere absolute Betrag aus den zu erwartenden Verlusten und inklusive gegebenenfalls anfallenden Schließungskosten anzusetzen.[363] Verluste können dann entstehen, wenn die Schließungskosten die Gegenleistung für die Funktion übersteigen.[364] In den Fällen gem. § 7 Abs. 5 FVerlV, in denen der Mindestpreis des verlagernden Unternehmens gleich Null oder negativ ist, ist zu prüfen, ob ein fremder Dritter für die Übernahme der Funktion bereit wäre einen Preis zu zahlen.[365]

Sind der Mindestpreis des verlagernden und die Preisobergrenze des aufnehmenden Unternehmens bestimmt, ist innerhalb des Einigungsbereichs gem. § 1 Abs. 3 Satz 7 AStG auch für FV derjenige Preis zu wählen, der dem Fremdvergleichsgrundsatz mit der höchsten Wahrscheinlichkeit entspricht. Wie bereits in Kapitel C. III. 2. ist hierbei regelmäßig vom Ansatz des Mittelwertes auszugehen.

Sowohl in der VFerlV wie in den VG-FVERL wird mehrmals darauf hingewiesen, dass sowohl beim abgebenden wie auch aufnehmenden Unternehmen tatsächlich bestehende Handlungsmöglichkeiten zu berücksichtigen sind, ohne hierbei die unternehmerische Dispositionsfreiheit der nahe stehenden Personen in Frage zu stellen.[366] Die Berücksichtigung positiver Handlungsalternativen führt cetere paribus sowohl zu einer Erhöhung des Verkaufergrenzpreises (Mindestpreis) wie zu einer Reduzierung des Käuferpreises (Höchstpreis). Die Folge ist eine Verkleinerung des Einigungsbereiches.[367]

---

[363] Vgl. §7 Abs. 3 Satz 1 FVerlV.
[364] Vgl. §7 Abs. 2 Satz 2 FVerlV i.V.m. Tz. 2.7.3 VG-FVERL.
[365] Vgl. Diller/Grottke 2011, S. 220.
[366] Vgl. § 7 Abs. 1 Satz 2 und Abs 4 Satz 2 sowie Rz. 117 und 126 VG-FVERL.
[367] Vgl. Schilling 2011, S. 1537.

2.3 Streitfragen und Literaturmeinungen zur Transferpaketbewertung gem. § 1 Abs. 3 Satz 9 AStG

Die Erläuterungen zum Hypothetischen Fremdvergleich bei der Transferpaketbewertung (Vgl. Kapitel D II. 2.2) haben aufgezeigt, auf welch überaus komplexe Weise regelmäßig die Transferpaketbewertung durchzuführen ist. Nach NESTLER und SCHAFLITZL begeben sich Gesetzgeber und BMF mit dem Wechsel zum Gesamtbewertungsansatz damit ans „Hochreck" betriebswirtschaftlicher Bewertungen von Unternehmensteilbereichen und von immateriellen VG.[368] Insbesondere dieser Teilbereich hat dann auch durch die Veröffentlichung der VG-FVERL eine umfangreiche Erweiterung erfahren, wodurch der Bewertungsansatz konzeptionell klarer geworden ist.[369]

In der Literatur wird die Orientierung des BMF bei der Abgrenzung der Gewinnpotentiale an nationalen und internationalen Rechnungslegungsstandards grundsätzlich begrüßt. Schließlich müsste durch den Gesetzgeber ansonsten ein eigener Rechnungslegungsstandard normiert werden. Vor dem Hintergrund des Auslandsbezugs würde dies eine unnötige zusätzliche Komplikation bedeuten.[370]

Andererseits enthalten die Regelungen in den VG-FVERL stellenweise Ansätze, die nicht im Einklang mit der betriebswirtschaftlichen Bewertungslehre, internationalen Standards und der deutschen Rechtlage stehen.[371] OESTREICHER und WILKE bezeichnen den Überarbeitungsbedarf der Bewertungsvorschriften sogar als groß. Ohne den Anspruch auf Vollständigkeit zu erheben, sollen folgende Ausführungen analog der in Kapitel D. II. 2. gewählten Reihenfolge die wesentlichen, weiterhin bestehenden Kritikpunkte wiedergeben.

a) Grundsätzliche Eignungsmängel des Bewertungsmodells

Obwohl Zustimmung[372] dahingehend besteht, dass die Finanzverwaltung nationale und internationalen Standards als Bewertungsmaßstab akzeptiert, bleibt jedoch festzuhalten, dass die Variablen, die in die Kapitalwertberechnung eingehen, nur ermittelt werden können, wenn dabei vereinfachende Annahmen getroffen werden. Hinzu kommen Ungenauigkeiten aus darauf aufbauenden Umrechnungs- bzw. Aggregationsschritten. Im Extremfall sind die Bewertungen als Abbild nicht realitätsnah genug, was hinsichtlich der

---

[368] Vgl. Nestler/Schaflitztl 2011, S. 235, 239.
[369] Vgl. Kap. 2.2 bis 2.11 VG-FVERL, dazu auch Nestler/Schaflitzl 2011, S. 235.
[370] Vgl. Baumhoff/Ditz/Greinert 2008, S. 1949.
[371] Vgl. Frischmuth 2010, S. 96f..
[372] Vgl. Nestler/Schaflitzl 2011, S. 239; Crüger Riedl 2011, S. 202f.; Diller/Grottke 2011, S. 218.

Fremdvergleichskonformität mit Schwierigkeiten behaftet ist.[373] So wohnt jeder Barwertberechnung die Problematik inne, dass diese Methode an zukünftige, ungewisse Größen anknüpft. Das Alternativszenario im Rahmen der Mehrgewinnmethode, dass die zukünftigen Cashflows des fiktiven Vergleichsunternehmens ohne den zu bewertenden immateriellen Vermögenswert darstellt, kann häufig nicht verlässlich geschätzt werden.[374] Durch grundsätzliche Maßgabe eines ewigen Kapitalisierungszeitraums wird die der Transferpaketbesteuerung inne wohnende Sollertragsbesteuerung noch verschärft. Der damit korrespondierende Residualwert, als methodisch am schwierigsten zu erfassende und damit am wenigsten sicherste Baustein der Kapitalwertmethode dominiert regelmäßig den Barwert (Vgl. Abb. 6). Daher wird geraten bei der Modellierung dieses Wertanteils besondere Sorgfalt walten zu lassen.[375]

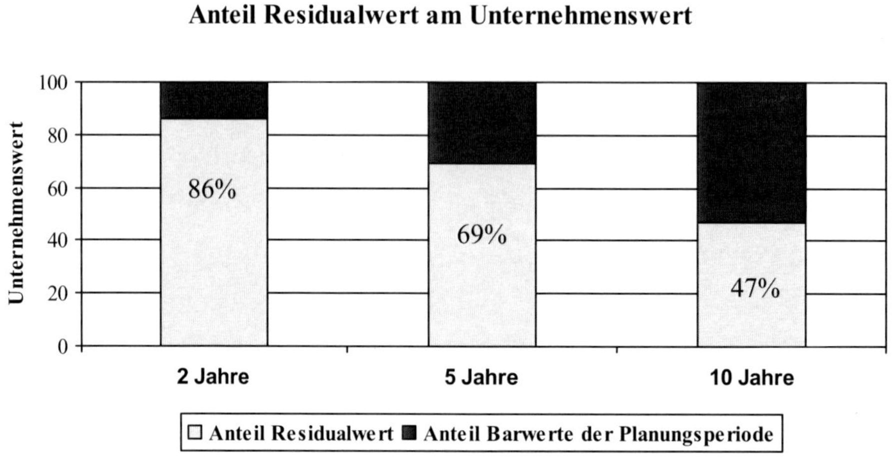

Anteil Residualwert am Unternehmenswert

Abb. 6: Residualwert am Unternehmenswert [Quelle: Cheridito, Y./Schneller, T. 2004, S. 735]

Auf der anderen Seite sind Vorschläge zur Transferpaketbewertung auf Gewinnpotentialbasis nicht neu und sind in Fachkreisen bereits vor der Gesetzesnovellierung 2008 diskutiert worden.[376] Da sich der Gesetzgeber auf die anerkannten Bewertungsstandards festgelegt hat, bleibt nunmehr abzuwarten wie die Finanzverwaltung mit der Abbildung zukünftiger Entwicklungen umgeht und ob betriebswirtschaftliche Überlegungen dann auch konsequent akzeptiert werden.[377]

---

[373] Vgl. Wöltjen 2011, S. 59
[374] Vgl. Böhm/Siebert 2008, S. 13ff.
[375] Vgl. Meitner 2008, S. 248.
[376] Vgl. Bodenmüller 2004, Fn. 13; Serg 2006, S. 202-226.
[377] Vgl. Nestler/Schaflitztl 2011, S. 237.

Neben den methodischen Mängeln wird besonders der außerordentliche Aufwand bei der Mehrgewinnmethode und den damit erforderlichen vier Unternehmensbewertungen kritisiert. KROPPEN spricht in diesem Zusammenhang gar von einem „Beschäftigungsprogramm" für Wirtschaftsprüfungsgesellschaften.[378] Die ausdrückliche Gleichstellung alternativer Bewertungsmodelle durch die VG-FVERL ist demnach zu begrüßen, da hiermit eine Festlegung zugunsten des Stpfl erfolgt und eine Fremdvergleichskongruenz entsteht.[379] Der Generalverdacht eines ausufernden Dokumentationsaufwandes wird durch die VG-FVERL m.A.n. auch entkräftet durch den mehrmaligen Verweis auf die Einbeziehung von unternehmensinternen Dokumenten. So schreibt BLUMERS, dass die einzelnen Bestandteile der Wertschöpfungskette jeweils als Funktion angesehen werden, solange im Verlagerungsfall eine Wirtschaftlichkeitsbetrachtung vorliegt.[380] Im Umkehrschluss läge demnach keine Funktion, bzw. Funktionsverlagerung vor, wenn ein ordentlicher und gewissenhafter Geschäftsleiter des verlagernden Unternehmens zu einer solchen Zuordnung nicht in der Lage ist, oder er dies unterlässt, da es ihm keinen betriebswirtschaftlichen Erkenntnisgewinn verschafft.[381]

b) Steuereinflüsse auf den VP

GREINERT und REICHL vertreten darüber hinaus die Ansicht, dass eine Wertermittlung unter Ansatz einer „Exit Tax", bzw. „TAB" aus steuerlicher Sicht systematisch verfehlt ist.[382] Die Berücksichtigung von Besteuerungseffekten führt oftmals zu einer eklatanten Erhöhung des Transferpaketpreises aufgrund eines Anstiegs des Einigungsbereiches. Zumindest im Outbound-Fall führt dies zum Anstieg der Steuerbelastung bei abgebenden Unternehmen.[383] Dies ist nach Ansicht der Autoren neben dem Widerspruch zum Fremdvergleich nach internationaler Auslegung[384] auch nicht durch die geltende deutsche Rechtslage gedeckt. So werden mit der Berücksichtigung einer „Exit Tax" nach § 12 Nr. 3 EStG, § 10 Nr. 2 KStG und § 7 Satz 1 GewStG nicht abzugsfähige

---

[378] Vgl. Kroppen 2010, S. 162.
[379] Vgl. Kap D II. 2.1.
[380] Vgl. Blumers 2007, S. 1757; Wöltjen 2011, S. 28.
[381] Vgl. Brüninghaus/Bodenmüller 2009, S. 1285f.; Wöltjen 2011, S. 28.
[382] Vgl. Greinert/Reichl 2011, S. 1183.
[383] Bei einem Buchwert für die Funktion von Null beträgt der Anstieg 42,8%. Ausführlich dazu Greinert/Reichl 2011, S. 1182ff..
[384] Wie eingangs bemerkt sind derartige Elemente weder in den OECD-TPG 2010, noch nach IDW S 1 vorgesehen. Vgl. Greinert/Reichl 2011, S. 1185.

Betriebsausgaben in abschreibungsfähiges Anlagevermögen transformiert. Ebenso sind nach dem Gesetzeswortlaut gem. § 1 Abs. 3 Satz 6 AStG i.V.m. § 3 Abs. 1 FVerlV ausschließlich Gewinnpotentiale (Gewinnerwartungen) und damit ausschließlich zukünftige Gewinne bei der Preisermittlung zu berücksichtigen. Die Erfassung einer „Exit Tax" ist damit auch nicht vom Wortlaut der vorangegangen Rechtsgrundlagen und Verordnungen zu FV gedeckt.[385] In Anbetracht dieser Argumentation erscheint die Interpretation der deutschen Finanzverwaltung hinsichtlich der Berücksichtigung von Steuereffekten im Rahmen des hypothetischen Fremdvergleichs mehr als fraglich. So wird das geplante Vorgehen der Finanzverwaltung in Bezug auf die Berücksichtigung von Besteuerungseffekten als einseitige Ausweitung der inländischen steuerlichen Bemessungsgrundlage multinationaler Konzerne gesehen. Vor diesem Hintergrund wird auf die Ergebnisse der ersten Verständigungsverfahren verwiesen, die eine Bewertung anhand der VG-FVERL zum Gegenstand haben. Indes erscheint es sicher, dass ein entsprechendes Bewertungskonzept des hypothetischen Fremdvergleichs international auf Unverständnis stoßen wird. [386]

c) Offenlegung der Fremdkapitalisierungstruktur

Der Grad der Fremdfinanzierung hat nach allgemein anerkannten Bewertungsverfahren Einfluss auf die Wertbestimmung. Gemäß Rz. 94 VG-FVERL soll pauschal davon ausgegangen werden, dass bei der Transferpaketbewertung auf der Käuferseite die gleiche Fremdfinanzierungsstruktur besteht wie auf Seiten des Verkäufers. Im Falle anderer Prämissen ist seitens des Stpfl offenzulegen, welche Effekte sich dadurch auf den Kapitalisierungszins ergeben. Für NESTLER und SCHAFLITZL kommt dies der Anforderung gleich eine Simulationsrechnung im Bezug auf unterschiedliche Fremdkapitalstrukturen durchzuführen. Neben einem weiter erhöhten Mehraufwand beim Stpfl wird durch die VG-FVERL damit indirekt auch die Pflicht zur Offenlegung von Wertüberlegungen zur FV aus Konzernsicht konstituiert.[387] Auf die mangelnde Fremdvergleichskonformität der Transparenzklausel wurde an anderer Stelle ebenfalls bereits hingewiesen. Darüber hinaus stellt sich m.E.n. die Frage, inwieweit sich international agierende

---

[385] Vgl. Baumhof/Ditz/Greinert 2011, S. 168.
[386] Vgl. Greinert/Reichl 2011, S. 1187.
[387] Vgl. Nestler/Schaflitzl 2010, S. 238.

Konzerne durch eine solche Offenlegung in Ihrer Dispositionsfreiheit beschränkt sehen könnten.

e) Einbeziehung ausländischen Steuersubstrats durch den Mittelwertansatz

Weiterhin kritisiert wird auch der regelmäßige Ansatz des Mittelwertes nach § 1 Abs. 3 Satz 7 AStG.[388] Die Preisfestsetzung innerhalb des Einigungsbereiches zwischen dem Höchstpreis (des Aufnehmenden) und dem Mindestpreis (des Abgebenden) erfolgt regelmäßig durch Ansatz des Mittelwertes. Über diese Gesetzesmechanik wird die Hälfte des ausländischen Standortvorteils und damit originär dem Zielland zustehendes Steuersubstrat importiert und in Deutschland versteuert. Dieser durch die FV erst im Ausland gehobene Mehrwert fließt in die inländische Bemessungsgrundlage ein, sobald ein Verrechnungspreis gewählt wird der größer ist als der Mindestpreis des Leistenden. Im Falle einer FV, für die sich die gesteigerte Ertragskraft auf der Seite des aufnehmenden Unternehmens lediglich aufgrund von Unterschieden im Steuersatz ergibt, entsteht rein aus der Tatsache, dass Steuerdisparitäten bestehen, ein Einigungsbereich.[389] Dies gilt in viel eklatanterer Weise im Zusammenhang mit weiteren Standortvorteilen und Synergieeffekten, die gem. § 3 Abs. 2 FVerlV i.V.m. Rz. 93 VG-FVERL in das Gewinnpotential eingerechnet werden. Das Argument, dass das verlagernde Unternehmen von den ausländischen Standortvorteilen partizipieren möchte und dies aufgrund einer möglicherweise stärkeren Verhandlungsposition auch durchsetzen könne, kann nur wenige Kritiker überzeugen.[390] Bei einer Transaktion zwischen fremden Dritten besteht eine Informationsasymmetrie und der ordentliche und gewissenhafte Geschäftsleiter des übernehmenden Unternehmens würde sich gerade über zu hebenden Standortvorteile bedeckt halten, um seine Verhandlungsposition nicht zu schwächen. Bei der Auswahl des Mittelwertes auf die Sicht des ordentlichen und gewissenhaften Geschäftsleiters zu abzustellen erscheint für zahlreiche Kritiker daher nicht sachgerecht.[391] KROPPEN schreibt, dass kaum erwartet werden könne, dass andere Staaten mit entsprechend vorteilhaften Rahmenbedingungen in einem entsprechenden Verfahren zur Vermeidung von Doppelbesteuerung sich der deutschen Regelung anschließen werden, zumal sie im Umkehrschluss die Aktivierung und

---

[388] Vgl. Frotscher 2008, S. 53.; Wöltjen 2011, S. 57.

[389] Vgl. Kroppen 2010, S. 156f.

[390] Vgl. Diller/Grottke 2011, S. 202.

[391] Vgl. Schreiber 2008, S. 440; FROTSCHER 2008, S. 54.; Hofacker, in: Haase 2091, Anm. 296.

Abschreibung ihres eigenen Standortvorteils zulassen müssten.[392] Der Stpf muss daher eine Doppelbesteuerung im Empfängerstaat, oder zumindest ein langwieriges Verständigungsverfahren hinnehmen.[393] Dem wäre m.E.n. entgegenzuhalten, dass diese Regelung FV aus rein steuerlichen Gründen aus Mangel an weiteren Verlagerungsgründen am härtesten treffen. Das Abwehrverhalten des Gesetzgebers, dass dadurch impliziert wird, erscheint gesamtwirtschaftlich nachvollziehbar. WASSERMEYER, BAUMHOFF und GREINERT räumen ebenfalls ein, das eine hälftige Teilung grundsätzlich nicht abwegig ist. Demnach würde auch im Rahmen betriebswirtschaftlicher Lösungsansätze ebenso wie in der Rechtssprechung häufig so verfahren.[394]

MÖSSNER und FUHRMANN kritisieren darüber hinaus die grundsätzliche Unklarheit bei der Verwendung des Mittelwertes, der mathematisch unterschiedliche Definitionen beinhaltet.[395] Diese verschiedenen Mittelwerte führen auch regelmäßig zu unterschiedlichen Ergebnissen. Da der Gesetzgeber und das BMF hier keine Eingrenzung vornehmen, ist daraus zu schlussfolgern, dass hier ein Wahlrecht des Stpfl besteht. Die VG-FVERL nehmen hierzu auch keine weiteren Konkretisierungen vor.

b) Handlungsalternativen
Nach SCHILLING ist die Einbeziehung realistischer Handlungsalternativen i.S.d. § 7 Abs. 1 Satz 2 VFerlV i.V.m. Tz. 2.3.2.5. VG-FVERL bei der Bestimmung der Grenzpreise im Rahmen einer simulierten Preisfindung nur konsequent vor dem Hintergrund der „gewollten Approximation" des VP zu sehen.[396] Kroppen hat bei den Formulierungen des BMF sogar verfassungsrechtliche Bedenken.[397] Seiner Ansicht nach ist die Wahl einer Alternative im Entscheidungszeitpunkt von der persönlichen Erwartung und Risikoneigung abhängig. Daher sei die bloße Existenz von irgendwie gearteten positiven Alternativen als Bemessungsgrundlage irrelevant. Vielmehr könne nur eine sog. „dominante Alternative"[398] für die Besteuerung eine Rolle spielen, also eine Konstellation, die nachweislich unter jeder erdenklichen Zukunftsentwicklung zu einem für den

---

[392] Vgl. Kroppen 2010, S. 156f..
[393] Vgl. dazu auch Welling/Tiemann 2008, S. 69, PWC 2011, S. 541, Lenz/Rautenstrauch 2010, S. 697.
[394] Vgl. Wassermeyer/Baumhoff/Greinert, in F/W/B 2010, Anm. V62; Schreiber 2008, S. 439f..
[395] Mössner/Fuhrmann 2010, Rz. 283.
[396] Vgl. Schilling 2011, S. 1536.
[397] Vgl. Kroppen 2010, S. 162.
[398] Vgl. dazu ausführlich Schneider 1992, S. 452f.

Handelnden besseren Ergebnis führt als die tatsächlich wahrgenommene Option. Die alternative Option sollte daher, analog der OECD-TPG, ausschließlich bei Mißbrauchsfällen Anwendung finden.[399]

3. Lizenzierungsoption

Bestehen Zweifel, ob hinsichtlich des Transferpakets oder einzelner Teile eine Übertragung oder eine Nutzungsüberlassung vorliegt, wird nach § 4 Abs. 1 FVerlV auf Antrag des Stpfl von einer Nutzungsüberlassung ausgegangen. Diese Regelungen werden auch so von den VG-FVERL aufgegriffen. In Rz. 98 VG-FVERL heißt es dazu einschränkend, dass die Summe der Einzelverrechnungspreise jedoch unter Berücksichtigung der jeweiligen Gewinnpotenziale insgesamt dem Wert des Transferpakets nach § 3 FVerlV (Barwert) entsprechen muss. Da im Falle einer Nutzungsüberlassung des Transferpakets auf Basis eines Lizenzvertrages kein wirtschaftliches Eigentum an das aufnehmende Unternehmen übertragen wird[400], begründet das BMF mit dieser Regelung die Möglichkeit der Vermeidung einer Sofortbesteuerung der in den übertragenen WGn und Vorteilen enthaltenen stillen Reserven.[401] Damit verfügt der Stpfl über ein Gestaltungsinstrument bei der Steuerplanung, dass ihm erlaubt zwischen sofortiger vollständiger Aufdeckung der stillen Reserven und laufenden Lizenzzahlungen zu wählen.[402] Die Kritik hinsichtlich der mangelnden Abgrenzung zwischen einer Funktion und einer Lizenz wurde an anderer Stelle bereits im Zusammenhang mit der Begriffsdefinition einer Funktion dargelegt.[403] Dennoch ist die ausdrückliche Möglichkeit einer Vermeidung der Sofortbesteuerung zu begrüßen.

4. Preisanpassungsklausel

Nach den Bestimmungen in § 1 Abs. 3 Satz 11 AStG ist bei Verlagerungen, die wesentliche immaterielle WG sowie Vorteile beinhalten, widerlegbar zu vermuten, dass zum Zeitpunkt der FV Unsicherheiten im Hinblick auf die Preisvereinbarung bestanden haben und unabhängige Dritte daraufhin eine sachgerechte Anpassungsregelung vereinbart hätten. Wurde keine solche

---

[399] Vgl. Kroppen 2010, S. 161f; Kroppen/Rasch 2010, S. 838.
[400] Vgl. Ditz 2008, S. 109.
[401] Vgl. Fuhrmann 2008, S. 16190.
[402] Vgl. Baumhoff/Ditz/Greinert 2007, S. 1654; Merkel 2010, S. 40.
[403] Vgl. Kap. C 2.2.2.

Regelung vereinbart und weist der VP nach erneuter Durchführung eines hypothetischen Fremdvergleichs auf Basis der tatsächlichen, später eingetretenen Gewinnentwicklung innerhalb der ersten 10 Jahre nach Geschäftsabschluss eine erhebliche Abweichung zum tatsächlich vereinbarten VP auf, ist nach § 1 Abs. 3 Satz 12 AStG für eine solche Abweichung einmalig ein angemessener Anpassungsbetrag auf den ursprünglichen VP der Besteuerung zu unterziehen, in dem Wirtschaftsjahr, das dem Jahr folgt, in dem die Abweichung eingetreten ist.

Die FVerlV beschreibt eine „erhebliche Abweichung" als eingetreten, *„wenn der unter Zugrundelegung der tatsächlichen Gewinnentwicklung zutreffende Verrechnungspreis außerhalb des ursprünglichen Einigungsbereichs liegt."*[404]

Weiter heißt es, dass der neue Einigungsbereich durch den ursprünglichen Mindestpreis und den neu ermittelten Höchstpreis des übernehmenden Unternehmens begrenzt wird. Dies gilt analog für den Fall, wenn der neu ermittelte Höchstpreis niedriger ist als der ursprüngliche Mindestpreis des verlagernden Unternehmens.[405]

Die Anpassung ist angemessen, wenn sie dem Unterschiedsbetrag zwischen dem ursprünglichen und dem neu ermittelten VP entspricht. In dem Fall, dass der neue Mittelwert unter dem ursprünglichen Mindestpreis liegt, ist auf den Unterschiedsbetrag zwischen diesen beiden Werten abzustellen.[406]

Da die Regelung zur Preisanpassung nach dem Gesetzeswortlaut die Verwendung des hypothetischen Fremdvergleichs voraussetzt[407], kann ihre Anwendung vermieden werden, wenn konkrete Fremdvergleichswerte auf der Stufe des tatsächlichen Fremdvergleichs glaubhaft gemacht werden können.[408] Um die kodifizierte Vermutung des grundsätzlichen Ansatzes der Preisanpassungsklausel zu widerlegen, muss der Stpfl glaubhaft machen, dass weder wesentliche immaterielle WG und Vorteile Bestandteil der Geschäftsbeziehung sind, noch zum Zeitpunkt der FV Unsicherheiten bzgl. des Wertansatzes bestanden haben. Nach Rz. 141 VG-FVERL wird weiterhin ergänzend und im Sinne des Stpfl klargestellt, dass mit der Preisanpassungsklausel nachträgliche Anpassung im Falle eines „lucky buy"[409] ausgeschlossen sind.[410]

---

[404] § 10 Abs. 1 Satz 1 FVerlV.
[405] Vgl. § 10 Satz 2 und 3 FVerlV.
[406] Vgl. § 11 FVerlV.
[407] Vgl. dazu § 1 Abs. 3 Satz 11.
[408] Vgl. Merkel 2010, 44.
[409] Beschreibt einen negativen Geschäftswert in Folge eines günstigen Erwerbs. Vgl. Gabler Wirtschaftlexikon 2012.de.

Hierzu sehen OESTREICHER und WILCKE unter Berücksichtigung des § 1 Abs. 3 Satz 11 und 12 AStG i.V.m § 10 FVerlV Konkretisierungsbedarf gleich an mehreren Stellen. So bestehen insbesondere Unklarheiten i.B.a. die Definition einer *„tatsächliche[n] spätere[n] Gewinnentwicklung"*, des vom Gesetz bestimmten Zeitraums sowie der konkreten Ableitung der Abweichung.[411] WASSERMEYER bezeichnete 2007 die Preisanpassungsklausel sogar als einen der Hauptkritikpunkte an den Änderungen des Außensteuerrechts und als "Höhepunkt der Willkürlichkeiten".[412]

Dem ist entgegenzuhalten, dass die Thematik der Preisanpassungsklausel durch die VG-FVERL weiterführende Erläuterungen erfahren hat, wodurch das Regelwerk klarer erscheint. So z.B. bei der Frage nach der Glaubhaftmachung des Ausschlusses der Anwendung des § 1 Abs. 3 Satz 11 AStG (Rz. 135 VG-FVERL), der Definition der „Erheblichen Abweichung" (Rz. 138 -141) und Angemessenheitsregelungen (Rz. 142 – 144). Intensiv kritisierte Aspekte, wie z.B. die befürchtete Rückwirkung bis vor den VZ 2008[413], wurden durch Rz. 180 VG-FVERL ebenso ausgeschlossen, wie auch die Befürchtung, dass Korrekturen im Falle eines negativen Geschäftswertes grundsätzlich durchgeführt werden (Vgl. Rz. 141).[414] Damit wurden jedoch auch vermutete Gestaltungsspielräume als Folge der mangelnden Präzisierung eingeschränkt.[415] Darüber hinaus bestehen weiterhin Unstimmigkeiten i.B.a. die Gesetzeskonformität mit § 1 AStG. Da der Sachverhalt in Folge der Veröffentlichung der VG-FVERL im Herbst 2010 deutlich an Brisanz im Rahmen der wissenschaftlichen Diskussion verloren hat, wird nachfolgend nur auf wesentliche Sachverhalte eingegangen, die noch immer gravierend erscheinen.[416]

a) Probleme der Zuordnung der Zahlungsströme

In der Praxis problematisch erscheint die Isolierung der Zahlungsströme, die der ursprünglich übertragenen Funktion über einen Zeitraum von 10 Jahren zugeordnet werden können. FV, wenn sie nicht ausschließlich aus

---

[410] Vgl. auch Schwenke, in Richter/Welling 2008, S.75.
[411] Vgl. Oestreicher/Wilcke 2010, S. 467.
[412] Vgl. Wassermeyer 2007, S. 539; Wassermeyer 2008, S. 68.
[413] Vgl. Wassermeyer 2007, S. 539; dazu auch Kroppen/Rasch 2010, S. 839.
[414] Vgl. Merkel 2010 S. 42.
[415] Vgl. folgend Abschnitt b).
[416] Im Rahmen dieser Analyse sind keine wissenschaftlichen Beiträge bezüglich der Preisanpassungklausel i.S.d. § 1 Abs. 3 Satz 11 aus dem Jahre 2011 aufgefunden worden. Anm.d.Verf..

steuerplanerischen Gründen erfolgen, sind darauf angelegt im Rahmen der Integration in das neue Unternehmen Synergieeffekte zu erzeugen. Die Zuordnung der Zahlungsüberschüsse aus diesen Synergieeffekten ist jedoch kaum möglich. Im Falle von Betriebsprüfungen kann sich der Zeitraum noch erweitern, wenn das zehnte Jahr bereits Jahre vor dem Betriebsprüfungszeitpunkt liegt. ENDRES u.a. schreiben, dass dies allein aus Dokumentations- und Aufbewahrungsgesichtspunkten ein Szenario ist, dass weder praktikabel noch zumutbar erscheint.[417] In Unternehmenskaufverträgen zwischen fremden Dritten werden zwar zum Teil Klauseln vereinbart, die eine eventuelle Ergebnisabweichung zum Gegenstand haben. Diese häufig auch als „Earn-Out"-Klauseln bezeichneten Anpassungsregelungen haben in der Regel jedoch eine Laufzeit von 2 bis 3 Jahren. Hieran hätte sich der Gesetzgeber orientieren sollen.[418]

b) Eingrenzung des Gestaltungsspielraums

In diesem Zusammenhang war bisher fraglich, wie im Rahmen des erneuten kapitalwertbasierten, hypothetischen Fremdvergleichs bei einer späteren Anpassungsrechnung mit Überschüssen zu verfahren ist, die aus Sicht des späteren Prüfungszeitpunktes in der Zukunft liegen.[419] Da die FVerlV dazu keine weitere Erläuterungen liefern, bestand die Vermutung, nur bis zum Zeitpunkt der Anpassung tatsächlich realisierte Überschüsse ansetzen zu können und zum Zeitpunkt der Anpassung zukünftiger Erfolgsgrößen weiterhin unverändert mit ihren urprünglich (zum Zeitpunkt der FV) angesetzten Erwartungswerten zu bewerten. Dies hätte zu einem erheblich abweichenden Ergebnis zugunsten des Stpfl im Vergleich zu einem Fremdvergleich mit ausschließlich zukünftigen Gewinnen geführt, zumindest in den Fällen einer positiveren als ursprünglich angenommenen Geschäftsentwicklung.[420] Dem wurde durch die VG-FVERL in Rz. 141 eine Absage erteilt. Demzufolge sind bei der späteren Anpassungsrechnung, *„die Gewinnerwartungen des übernehmenden Unternehmens hinsichtlich der zukünftigen Jahre des Kapitalisierungszeitraums auf der Grundlage der Gewinnentwicklung in den bereits abgelaufenen Jahren hochzurechnen."*

---

[417] Vgl. Endres u.a., in: PWC 2011, S. 538f.
[418] Vgl. ebd.
[419] Vgl. Oestreicher/Wilcke 2010, S. 469.
[420] Vgl. ebd.

c) Negativer Anpassungsbetrag

Wie bereits erläutert, sind nach Rz. 140 VG-FVERL und in Anlehnung an § 11 FVerlV auch negative Unterschiedbeträge zwischen den Mittelwerten möglich, wenn die tatsächliche Gewinnentwicklung des übernehmenden Unternehmens aus der übernommenen Funktion, entgegen den ursprünglichen Erwartungen so ungünstig verläuft, dass der neue Höchstpreis unter dem alten Mindestpreis liegt. Die Vorschriften der Finanzverwaltung begründen hier Spielräume, die eine Einkunftsminderung zulassen würden. Es fehlt hier jedoch an einer gesetzlichen Grundlage, so dass sie nicht anwendbar sind.[421] Da es sich bei § 1 AStG um eine Korrekturvorschrift handelt, durch die die Einkünfte des Stpfl ausschließlich gemindert werden können, ergibt sich daraus, dass unabhängig von der Tendenz der Preisentwicklung eine Anpassung nur in den für den Fiskus günstigen Fällen vorzunehmen ist. Damit Korrekturen aber auch zugunsten des Stpfl möglich wären, müsste § 1 AStG zu einer zweiseitigen Korrekturnorm erweitert werden.[422]

---

[421] Vgl. Merkel 2010, S. 42; Oestreicher/Wilcke 2010, S.
[422] Vgl. Wassermeyer 2007, S. 535.

E. Öffnungsklauseln zur Einzelbewertung

Im voran gegangenen Abschnitt wurde aufgezeigt, dass die, auf die FV regelmäßig anzuwendende Transferpaketbesteuerung nach § 1 Abs. 3 Satz 9f. i.V.m. Satz 6f. in ihrer Anwendung komplex, in der Dokumentation aufwendig und hinsichtlich der internationalen Akzeptanz mit Schwierigkeiten behaftet ist.[423] In § 1 Abs. 3 Satz 10 AStG wird dem Stpfl allerdings auch die Möglichkeit eingeräumt, unter gewissen Voraussetzungen, von der Bewertung des Transferpakets als Ganzes abzusehen. Zunächst bestanden nur zwei der sog. „Escape-Klauseln"[424], die im Rahmen einer Gesetzesnovelle 2010 um eine dritte Öffnungsklausel ergänzt wurden. Kern der Regelungen besteht in der Möglichkeit, in besonderen Fällen vom Gesamtbewertungsansatz abzusehen und Einzelverrechnungspreise anzusetzen. Im Mittelpunkt der folgenden Darstellung steht neben einer Beschreibung der jeweiligen Öffnungsklausel die Frage, inwieweit die bisher aufgezeigten Mängel dieser noch jungen Vorschrift zur Bewertung des Transferpakets als Ganzes auf Basis den hypothetischen Fremdvergleichs durch die Escape-Klauseln geheilt werden können.

I. Kein wesentliches immaterielles Wirtschaftsgut

Die 1. Öffnungsklausel findet sich in § 1 Abs. 3 Satz 10 Hs. 1 AStG. Der Gesetzgeber definiert damit den Anwendungsbereich für die Transferpaketbewertung im Rahmen des tatsächlichen Fremdvergleichs. Diese Ausnahmeklausel sieht insbesondere im Rahmen von Routinefunktionen die Möglichkeit der Einzelbewertung vor (Vgl. Kapitel D. II. 1) und zielt somit auf die formale Vermeidung einer zu weit gehenden Behandlung von Geschäftsvorfällen als FV[425]. Nach § 1 Abs. 3 Satz 10 Hs. 1 Alt. 1 AStG ist demnach *„die Bestimmung von Einzelverrechnungspreisen für alle betroffenen WG und Dienstleistungen [...] anzuerkennen, wenn der Steuerpflichtige glaubhaft macht, dass keine wesentlichen immateriellen WG und Vorteile Gegenstand der Funktionsverlagerung waren".*

---

[423] Vgl. BT- Drucks. 17/939, S. 9, 16; Wöltjen 2011, S. 66;

[424] Hier synonym verwandt mit Öffnungsklauseln oder Ausnahmeregelungen.

[425] Entgegen vorheriger Verordnungsentwürfe, die noch eine Wesentlichkeitsgrenze von 5% vorsahen, bedeutet Regelung in der endgültigen Fassung eine Verbesserung für den Stpfl, da nicht allein Hilfsfunktionen, wie z.B. Personalverwaltung oder Buchführung, von den Grundsätzen der Funktionsverlagerung ausgeschlossen werden. Vgl. Baumhoff/Ditz/Greinert, 2008, S. 1948.

§ 2 Abs. 2 FVerlV ergänzt hierzu die Voraussetzungen, nach denen eine Einzelbewertung vorgenommen werden kann. Ausweislich der o.g. Erläuterung zu § 1 Abs. 5 FVerlV ist hinsichtlich des Wesentlichkeitskriterium[426] wieder die 25%-Regel anzuwenden, während die Glaubhaftmachung des Sachverhaltes beim Stpfl liegt. Die ausgeübte Funktion muss dabei ausschließlich gegenüber dem abgebenden Unternehmen ausgeübt werden.[427] Die mit einer Routinefunktionen ggfs. übergehenden immaterielle WG sind in diesem Fall von geringer Werthaltigkeit bzw. von geringer Einzigartigkeit, weshalb im Umkehrschluss anzunehmen ist, dass hauptsächlich WG materieller Art, die sich üblicherweise nicht dem Fremdvergleich bzw. der ganzheitlichen bilanziellen Erfassung entziehen, das Transferpaket dominieren.[428] Folglich stellt § 2 Abs. 2 FVerlV auf die Kostenaufschlagsmethode bei der Einzelwertermittlung ab. Die Regelungen stehen dabei, wie auch in anderen Teilen dieses Regelwerks, unter der Maßgabe der Vereinbarkeit mit marktkonformen Tätigkeitsentgelten. Die Anwendung anderer Verrechnungspreismethoden i.R.d. Bestimmung von Einzelverrechnungspreisen wird damit nicht ausgeschlossen.[429]

Erst wenn die übernommene Funktion „ganz oder teilweise gegenüber anderen Unternehmen" ausgeübt wird, zu Preisen, die höher sind als das Entgelt nach der Kostenaufschlagsmethode oder die entsprechend dem Fremdvergleichsgrundsatz höher anzusetzen sind, hat das übernehmende Unternehmen ein Entgelt zu entrichten, dessen Höhe sich nach dem VP für das Transferpaket als Ganzes bestimmt. [430]

Die VG-FVERL nehmen an dieser Stelle eine Verschärfung des § 1 Abs. 3 Satz 10 AStG i.V.m. § 2 Abs. 2 FVerlV dahingehend vor, dass nunmehr von der „Summe der Werte der immateriellen WG" gesprochen wird, die zusammen die 25 %-Marke im Rahmen der Wertermittlung aller Einzelverrechnungspreise im Transferpaket nicht übersteigen darf, wodurch eine Zusammenrechnung der

---

[426] Nach § 1 Abs. 5 FVerlV besteht Wesentlichkeit, wenn die/der jeweilige immaterielle VG für die verlagerte Funktion erforderlich ist/sind und ihr Fremdvergleichspreis insgesamt mehr als 25% der Summe der Einzelpreise aller WG und Vorteile des Transferpakets beträgt und dies glaubhaft ist.
[427] Vgl. BR-Drucks. 352/08, S. 16.
[428] Vgl. BR-Drucks. 352/08, 16; Oestreicher 2009, S. 83 f.
[429] Vgl. Greil 2010, S. 480; Oestreicher 2009, S. 84.
[430] Vgl. § 2 Satz 2 FVerlV.

immateriellen VG vorgenommen wird.[431] Die Regelungen sind bereits der Verordnungsbegründung zu entnehmen und stellen daher keine neue Praxisweise dar.[432] Dennoch wird hier eine Regelung jeweils zum nach des Stpfl vorgenommen zumal in der 3. Öffnungsklausel die Regelung in den VG-FVERL bezüglich der Wesentlichkeitsgrenze anders gestaltet sind.[433]

Insgesamt reduziert sich jedoch mit der Einschränkung der Anwendungsfälle des § 1 Abs. 3 Satz 9 AStG der grundsätzliche Impetus der kapitalwertorientierten Gesamtbewertung, weshalb diese Vorschrift als Vereinfachungsoption begrüßt wird.[434] Ist die FV somit bspw. Folge einer „make-or-buy"- oder einer Outsourcing-Entscheidung kann dies durch entsprechende VP-Dokumentation gem. der GAufzV belegt und die gewinnpotentialbasierte Transferpaketbesteuerung vermieden werden.[435] Hinsichtlich der eingangs im Kapitel angesprochenen Heilung der im Rahmen der Transferpaketanalyse dargelegten Mängel ist die 1. Öffnungsklausel jedoch ungeeignet. Da das Regelwerk im Kern auf die Erfassung von immateriellen VG abzielt, werden die relevanten Fälle, in denen wesentliche immaterielle WG übergehen und von den kritisierten Sachverhalten tangiert werden, von dieser Ausnahmeregelung gar nicht erst erfasst.[436]

II. Äquivalenz zum Transferpaketwert

Die 2. Ausnahmeregelung nach § 1 Abs. 3 Satz 10 Hs. 2 AStG sieht ebenfalls die Anerkennung der Bestimmung von Einzelverrechnungspreisen für alle betroffenen WG und Dienstleistungen vor, wenn der Steuerpflichtige glaubhaft macht, *„dass die Summe der angesetzten Einzelverrechnungspreise, gemessen an der Bewertung des Transferpakets als Ganzes, dem Fremdvergleichsgrundsatz entspricht;"*

Die 2. Öffnungsklausel stellt weiterhin auf die Bewertung des Transferpakets als Ganzes ab. Liegt jedoch die Summe der Einzelverrechnungspreise für WG und GoF im Einigungsbereich des hypothetischen Fremdvergleichs, ist der so

---

[431] Vgl. dazu auch Rz. 71 VG-FVERL.
[432] Vgl. BR-Drucks. 325/08.
[433] Vgl. Abschnitt E. III.
[434] Vgl. Greil 2010, S. 480; Wöltjen 2011, S. 60.
[435] Vgl. Frischmuth 2011, S. 50f.
[436] Vgl. Eigelshofen/Nientimp 2010, S. 234.

ermittelte Gesamtpreis anzuerkennen. Ist der angesetzte Geschäftswert bspw. gleich Null, so ist die Einzelbewertung ebenfalls anzuerkennen, wenn der im Rahmen der Einzelbewertung ermittelte VP im Rahmen des Einigungsbereiches liegt.[437]

Es besteht in diesem Fall eine Deckungsgleichheit zwischen Einzel- und Gesamtbewertung. Dem Stpfl wird mit dieser Regelung die Möglichkeit gegeben, glaubhaft zu machen, dass ein anderer Wert als der Mittelwert mit der höchsten Wahrscheinlichkeit dem Fremdvergleichsgrundsatz entspricht.[438] Der Gesetzgeber tritt mit der 2. Öffnungsklausel einem Hauptkritikpunkt, nämlich der Annahme der höchsten Wahrscheinlichkeit des Mittelwertes im Einigungsbereich entgegen und räumt dem Stpfl damit Handlungsspielraum ein. Dennoch, so die Kritik, ist die Regelung in der Praxis nur von geringer Relevanz.[439] Nach wie vor ist zur Anwendung der zweiten Escape-Klausel eine Gesamtbewertung auf dem Wege des hypothetischen Fremdvergleichs vorzunehmen mit dem damit zusammenhängenden „unzumutbaren" Dokumentationsaufwand, ebenso wie der Umstand, dass der restliche Problembereich durch die Regelung nicht erfasst wird.[440]

III. Zumindest ein wesentliches immaterielles Wirtschaftsgut

Mit dem vom Bundestag am 5.3.2010 und vom Bundesrat am 26.3.2010 verabschiedeten „Gesetz zur Umsetzung steuerlicher EU Vorgaben sowie zur Änderung steuerlicher Vorschriften" wurde die 3. Öffnungsklausel ins AStG eingeführt.[441] Damit sollte das Ziel der aktuellen Regierungskoalition - die unverzügliche Beseitigung der „*negativen Auswirkungen der Neuregelung zur Funktionsverlagerung auf den Forschungs- und Entwicklungsstandort Deutschland*"[442] - in die Tat umgesetzt werden.[443] Durch die VG-FVERL hat die 3. Öffnungsklausel umfangreiche Konkretisierungen erfahren.[444]

---

[437] Vgl. § 2 Abs. 3 FVerlV.
[438] „Für die Glaubhaftmachung ist es vor allem erforderlich, dass der Steuerpflichtige die Differenz zwischen der Summe der Einzelverrechnungspreise und dem Wert für das Transferpaket aufklärt und begründet, warum die Summe der Einzelverrechnungspreise dem Fremdvergleichsgrundsatz entspricht." Rz. 71 V G-FV; dazu auch Oestreicher/Wilcke 2010, S. 228.
[439] Vgl. Greil 2010, S. 481.
[440] Vgl. Eigelshoven/Nientimp, S. 234; Greil 2010, S. 481; Jahndorf 2008, S. 108.
[441] Vgl. BStBl I 2010, 386.
[442] Koalitionsvertrag von CDU/CSU/FDP zur XVII. Legislaturperiode, S. 11.
[443] Vgl. BT-Drucks. 17/939, 16.
[444] Die Ausführungen zur dritten Öffnungsklausel umfassen acht Absätze, die Regelungen zu Öffnungsklausel 1 und 2 kommen insgesamt auf 3 Absätze. Vgl. Kap. 2.2.3.3 VG-FVERL.

In Übereinstimmung mit dem Gesetzeswortlaut des § 1 Abs. 3 Satz 10 Alternative 3 AStG schreiben die VG-FVERL in Rz. 74: *„Macht der Steuerpflichtige anhand der nach § 90 Absatz 3 AO i. V. m. § 3 Absatz 2 GAufzV nach Aufforderung vorzulegenden Aufzeichnungen glaubhaft, dass zumindest ein wesentliches immaterielles Wirtschaftsgut Gegenstand der Funktionsverlagerung ist, und bezeichnet er es genau, sind Einzelverrechnungspreise für die Bestandteile des Transferpakets anzuerkennen."*

Ein immaterielles WG ist nach Rz. 78 VG-FVERL dann genau bezeichnet, wenn es aufgrund der Angaben des Stpfl so eindeutig identifiziert werden kann, dass entweder ausreichende Vergleichswerte ermittelt werden können oder eine sachgerechte Preisbestimmung nach dem hypothetischen Fremdvergleich möglich ist. Im zweiten Fall ist die Transferpaketbewertung damit nach wie vor erforderlich, auch wenn die Ansprüche an die Präzision der Bewertungsmethode gesenkt wurden.[445]

Die 3. Ausnahmeklausel unterscheidet sich von den Vorstehenden dahingehend, dass seitens des Gesetzgebers zur Eröffnung des Anwendungsbereichs nicht auf den Vergleichswert „Transferpaketwert", sondern auf ein „Dokumentationserfordernis" abgestellt wird.[446] Die Finanzverwaltung soll somit in die Lage versetzt werden, die nicht bilanzierten und damit bisher nicht identifizierbaren WG zu erkennen.[447] Ein möglicherweise bestehendes Bilanzierungsverbot entbindet dabei nicht von der Bezeichnungs- und Bewertungspflicht.[448] Das Erfordernis der Glaubhaftmachung i.V.m. der genauen Bezeichnung zumindest eines wesentlichen immateriellen Wirtschaftsgutes überbrücke aus Sicht der Koalitionsregierung die potentielle Informationsasymmetrie der Finanzverwaltung im Rahmen einer Einzelbewertung.[449] Die Steuerungsintention des Gesetzgebers zielt in diesem Fall nicht auf eine Steuerbefreiung, sondern auf eine Erleichterung der Bewertung ab. Dadurch sollen F&E-Investitionen in Deutschland an Attraktivität gewinnen.[450] Begründet wird die Abkehr vom gerade eingeführten Gesamtbewertungsgrundsatz

---

[445] "Die Glaubhaftmachung (Rn. 40) erfordert keine präzise Wertberechnung für das Transferpaket." Rz. 75 VG-FVERL.
[446] Vgl. Kroppen/Rasch 2010, S. 320.
[447] Vgl. Lenz/Rautenstrauch 2010, S. 698.
[448] Vgl. BT- Drucks. 17/939, S. 21; Lenz/Rautenstrauch 2010, S. 699.
[449] Vgl. BT-Drucks. 17/939, 16; dazu auch Welling 2010, S. 4.
[450] Vgl. BT-Drucks. 17/939, S. 9.

mit dem Argument der Vermeidung der Abwanderung von eben diesen F&E-Aktivitäten. Diese Einschätzung folgt letztlich der Einsicht, dass mit Steuermitteln geförderte F&E nicht durch andere steuerlichen Maßnahmen konterkariert werden dürfe.[451] LENZ und RAUTHENSTRAUCH schreiben, dass durch die Aufnahme der 3. Escape-Klausel der Ansatz von Einzelverrechnungspreisen im Rahmen von FV nunmehr in deutlich mehr Fällen als bisher möglich erscheint, wodurch die Regelung einen wichtiger Schritt in die „richtige" Richtung im Hinblick auf eine internationale Harmonisierung ist[452]. Sofern einzeln abgrenzbare immaterielle VG wie, z.B. ein Kundenstamm oder eine Patent übertragen werden, kann die aufwendige Transferpaketbewertung und die damit zusammenhängenden Doppelbesteuerungsrisiken vermieden werden.[453]

Teilweise wird in der Literatur bereits von einer Umkehrung des Regel-Ausnahme-Verhältnisses gesprochen, da nach solcher Lesart und ausweislich der folgenden Ausführungen nur noch bei einer Übertragung von (Teil-)Betrieben eine Transferpaketbewertung im Rahmen des hypothetischen Fremdvergleichs durchzuführen ist.[454] I.B.a. die Frage der Einzelbewertung immaterieller VG spekulieren einige Autoren bereits auf eine Renaissance der vormals eher provisorisch herangezogenen „Geschäftschancenlehre".[455] Ebenso wird die Vermutung geäußert, dass der Gesetzgeber mit der Veröffentlichung der 3. Öffnungsklausel die Gelegenheit genutzt die übermäßig nachteiligen Regelungen zurückzunehmen. Unter dem Mantel der Benachteiligung von F&E im Inland sollte somit eine genereller Rücktritt von der Transferpaketbewertung auf Basis des hypothetischen Fremdvergleich vollzogen werden, um drohende Probleme abzuwenden, die andernfalls aus einem ggfs. vorliegenden „treaty overriding"[456] für die meisten Fälle von FV erwachsen würden.[457]

Wohl am intensivsten diskutiert wird in diesem Zusammenhang die Frage, ob der originäre GoF, als wesentlicher Auslöser der Gesamtbewertung, im Rahmen der

---

[451] Vgl. ebd.

[452] Vgl. Lenz/Rautenstrauch 2010, S. 699, dazu auch Oestreicher/Wilcke 2010, S. 469.

[453] Vgl. ebd.

[454] Vgl. Baumhoff/Ditz/Greinert 2010, S. 1315; Eigelshoven/Nientimp 2010, S. 234; Luckhaupt 2010, S. 2017f.

[455] Vgl. Luckhaupt 2010, S. 2019 f.;Wöltjen 2011, S. 67.

[456] „treaty override" beschreibt den Fall, in dem ein DBA nachträglich, einseitig durch die jeweilige nationale Steuergesetzgebung verändert wird. Diese Vorgehen ist streitbehaftet, da ausländische Finanzverwaltungen solche Regelungen selten akzeptieren. Vgl. Kluge 2000, Rz. 6.

[457] Vgl. Kroppen/Rasch 2010,

Neuregelung unter den Begriff des immateriellen Wirtschaftsgutes fällt.[458] Wie bereits ausgeführt, sieht die Finanzverwaltung den GoF grundsätzlich als immateriellen VG.[459] Demgegenüber sprechen jedoch die Argumente sinnlogisch gegen eine solche automatische Einbeziehung. So sollen die übertragenen WG mit ihrem Einzelverrechnungspreis angesetzt werden, der sich für den GoF nur mittels Ableitung aus der Gesamtbewertung ermitteln lässt, dessen Umgehung ja eben Regelungsziel der 3. Ausnahmeklausel sein sollte.[460] Indirekt scheinen die VG-FVERL diesen Einwand zu bestätigen. In Tz. 76 VG-FVERL wird hinsichtlich des Ansatzes geschäftswertbildender Faktoren konkretisiert, dass deren Annahme nicht regelmäßig unterstellt werden kann. Im Umkehrschluss bedeutet dies, dass die Berücksichtigung geschäftswertbildender Faktoren der unregelmäßige Fall und somit die Ausnahme ist, und nur dann vorliegt, wenn fremde Dritte solche berücksichtigen würden. Dies ist aber nur dann der Fall, wenn ein Wert oberhalb des Wertes der Summe der Einzelverrechnungspreise für eine Transaktion festgestellt werden kann. Das wiederum ist regelmäßig nur erfüllt, wenn ein Teilbetrieb zumindest im funktionalen Sinne übertragen wird.[461] Zudem steht nur eine international konforme Auslegung der 3. Öffnungsklausel im Einklang mit dem proklamierten Zweck der Vorschrift. Für LUCKHAUPT ergibt die Regelung aus rechtssystematischer Sich daher nur unter der Bedingung der Nicht-Berücksichtigung eines GoF einen Sinn.[462]

Dem ist entgegenzuhalten, dass eine derartige Interpretation mit den VG-FVerl nicht zwingend übereinstimmt. Die Einschätzungen von Seiten der Finanzverwaltung hierzu sind letztlich widersprüchlich. In Rz. 62 VG-FVERL betont das BMF erneut, dass wesentliche immaterielle WG sich durch ihre Einzigartigkeit auszeichnen und daher regelmäßig auf dem Wege des hypothetischen Fremdvergleichs zu bewerten seien.[463] Solange sich also keine tatsächlichen Fremdvergleichswerte für das jeweilige immaterielle Wirtschaftsgut feststellen lassen, erfolgt keine Heilung der Mängel aus der Transferpaketbewertung. Ausweislich der o.g. Ausführungen ist dies der Regelfall für die Finanzverwaltung. KROPPEN und RASCH verweisen in diesem

---

[458] Vgl. dazu Kroppen/Rasch 2010, S. 834f.; Luckhaupt 2010, S. 2017ff.; Wöltjen 2011, S. 64f..
[459] Vgl. Rz. 76; dazu auch Kap. C 2.2.2.
[460] Entnommen aus: Stellungnahme der Spitzenverbände der gewerblichen Wirtschaft vom 05.2.2010, S. 10, in: Bundestag 2010.
[461] Vgl. Luckhaupt 2010, S. 2018.
[462] Vgl. Luckhaupt 2010, S. 2018; dazu auch Kroppen/Rasch 2010, S. 320; Wöltjen 2011, S.73.
[463] Vgl. BT-Drucks. 17/939, 8 f.

90

Zusammenhang auf weitere widersprüchliche Aussagen der Finanzwaltung nach der Veröffentlichung der VG-FVERL im Herbst 2010.[464] Eine endgültige Klärung des Sachverhaltes kann somit unter Zuhilfenahme der VG-FVERL nicht erreicht werden.[465] Bereits von einer gesetzgeberischen „Pirouette" zu sprechen, wie dies einige Autoren i.Z.m. der Einführung der 3. Öffnungsklausel schrieben[466], erscheint nach vorliegender Einschätzung als möglicherweise verfrühtes Urteil.[467]

Darüber hinaus erscheint es willkürlich, dass im Gegensatz zur Regelung der 1. Öffnungsklausel, bei der im Hinblick auf die Wesentlichkeitsgrenze zwingend eine Zusammenrechnung der einzelnen immateriellen VG erfolgen musste, um die Anwendbarkeit bzw. den Ausschluss der Anwendung überprüfen zu können, bei der 3. Öffnungsklausel der Tatbestand nicht erfüllt ist, wenn nicht wenigstens ein immaterielles Wirtschaftgut alleine die 25 % - Marke überschreitet.[468] Nach Rz. 80 VG-FVERL wird darüber hinaus die Möglichkeit der Existenz mehrerer immaterieller VG durchaus gesehen, zusammen mit der Erfordernis jeweils jedes einzeln inklusive evtl. bestehender geschäftswertbildender Faktoren und Standortvorteile[469] zu erfassen, zu bewerten und zu dokumentieren.[470] Auch dies steht zum Nachteil des Stpfl und im Gegensatz zur bisherigen Interpretation[471] der 3. Öffnungsklausel. Im Zweifelsfall bedeutet dies auch die Durchführung einer Bewertung nach hypothetischem Fremdvergleich für jedes einzelne immaterielle WG[472] wodurch aus der Konkretisierung in den VG-FVERL ein bedeutender Anstieg des Dokumentationsaufwandes folgt.[473] Dies steht der Intention der Vermeidung „der negativen Folgen" diametral entgegen.

Nach vorliegender Einschätzung sollte der Anwendungskreis durch die Öffnungsklauseln durchaus eingeschränkt worden sein. In den Fällen jedoch, in denen es nicht möglich ist tatsächliche Fremdvergleichswerte zu ermitteln, besteht weiterhin keine Heilung mittels der Öffnungsklauseln. I.Z.m. der 3. Öffnungsklausel machen die VG-FVERL somit Verschärfungen, die

---

[464] Ausführlich mit zahlreichen Nachweise Vgl. Kroppen/Rasch 2010, S. 834f.
[465] Vgl. Endres u.a., in PWC 2011, S. 438.
[466] Vgl. Luckhaupt, S, 2020; Wöltjen 2011, S. 75.
[467] Vgl. dazu auch Lenz Rautenstrauch 2010, S.699.
[468] Vgl. Rz. 80 VG-FVERL.
[469] Vgl. Definition immatirelles Wirtschaftsgut im Zusammenhang mit der Öffnungsklausel Rz. 76 VG-FVERL.
[470] Vgl. Rz. 79 VG-FVERL.
[471] Vgl.Schilling 2010, S. 698.
[472] Vgl. Rz. 77 VG-FVERL.
[473] Vgl. Lenz/Rautenstrauch 2010, S. 699.

möglicherweise im Widerspruch zur gesetzgeberischen Intention stehen. Neben den theoretischen Überlegungen erscheint es zudem für ENDRES u.a. fraglich, ob sich die Klauseln insgesamt in Betriebsprüfungen als brauchbare Grundlage erweisen, um die Transferpaketbewertung auf Basis des hypothetischen Fremdvergleichs zu vermeiden.[474] Dafür spricht auch die Auffassung der Regierung, die bei der Einführung der 3. Escape-Klausel keine Einschränkungen bezüglich der Refinanzierungsumme i.H.v. 1,77 Mrd. € sah.[475] Gleichwohl erscheinen die Öffnungsklauseln in Streitfällen als Argumentationslinie zur Umgehung der negativsten Folgen.

In der folgenden Übersicht (Abb. 7) ist die komplette Transferpaketbewertung nach § 1 Abs. 3 Satz 9 AStG noch einmal veranschaulicht.

Struktur der Transferpaketbesteuerung nach § 1 Abs. 3 Satz 9ff. AStG

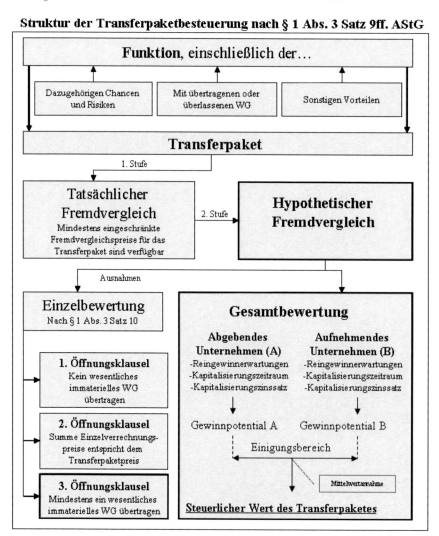

Abb. 7: Struktur der Transferpaketbewertung nach § 1 Abs. 3 Satz 9 ff. [in Anlehnung an: Diller/Grottke 2011, Übersicht 1, S. 216]

---

[474] Vgl. Endres u.a., in PWC 2011, S. 537f.
[475] Vgl. BT-Drucks. 17/939, S. 10.

F. Transferpaketbesteuerung im Vergleich zu OECD - „Business Restructuring"

Am 22.7.2010 hat die OECD ihre neuen Verrechnungspreisrichtlinien veröffentlicht. Darin wurde erstmals zu FV Stellung genommen. Der *„Report on the Transfer Pricing Aspects of Business Restructering"*, eingefügt als Kapitel IX, dient als Referenzmaßstab für die deutschen Vorschriften, da die OECD-Regelungen häufig als Grundlage von Einigungen in Verständigungs- und Schiedsverfahren gewählt werden.[476]

An dieser Stelle werden die wesentlichen Unterschiede und Gemeinsamkeiten der deutschen Vorschriften zu den OECD-TPG im Hinblick auf den Themenkomplex der FV zusammenfassend dargestellt und im Anschluss gewürdigt.

I. Deckungsgrad von deutschen und internationalen Vorschriften

1. Begriffsabgrenzungen

Die OECD-Richtlinien sprechen nicht von FV, sondern vom „Business Restructuring", das die Verlagerung von Funktionen, WGn und/oder Risiken innerhalb einer Unternehmensgruppe umfasst. Der OECD-Ansatz orientiert sich stärker an der Frage, ob es zu einer Änderung der Risikostruktur kommt, während die deutschen Vorschriften auf den Umstand der Verlagerung von (hauptsächlich immateriellen) WGn abstellen.[477] KROPPEN befindet die deutschen Vorschriften in diesem Zusammenhang als vorzugswürdig, da die Veränderung der Asset-Struktur besser geeignet sei als Basis für eine Schlussbesteuerung, als das Abstellen auf die Risikowahrnehmung im Unternehmen.[478] Letztlich liefert auch das Kapitel „Business Restructuring" keine präzise Definition des Verlagerungsobjektes, was, so die Vermutung, darauf zurückzuführen ist, dass sich die Staaten untereinander auch nicht darauf einigen konnten, was genau alles unter dem Begriff zu subsumieren ist.[479]

---

[476] Vgl. Kroppen 2010, S. 151, 153, 157f., 165; Endres u.a. 2011, S. 542 ; Wöltjen 2011, S. 70.
[477] Vgl. Kroppen 2010, S. 153; Endres u.a. 2011, 542f.
[478] Vgl. Kroppen 2010, S. 153.
[479] Vgl. Kroppen 2010, S. 152.

Der Begriff des Transferpakets findet ebenfalls als „package deal"[480] Widerhall im Rahmen des Kapitel IV, wobei die daran geknüpften Rechtfolgen nicht mit denen des deutschen Transferpakets übereinstimmen.[481]

2. Grundsatz der Einzelbewertung ohne Geschäftswertansatz

Die OECD hält an ihrer bisherigen Haltung fest, wonach bei FV eine Bewertung vorrangig auf Basis von Einzelverrechnungspreisen zu erfolgen hat. Zwar sieht der OECD-Ansatz, neben der „ongoing concern"-Betrachtung auch die Zusammenfassung von Geschäftsvorfällen zu sog. „package deals" vor. Eine Gesamtbewertung wird allerdings nur in Ausnahmefällen, sobald eine sachgerechte Beurteilung jedes einzelnen Geschäftsvorfalls nicht möglich ist, als zweckmäßig angesehen.[482] Da die Werthaltigkeit des Geschäfts- oder Firmenwertes, anders als bei herkömmlichen immateriellen WGn, mit großer Unsicherheit behaftet ist, soll der Einbeziehung in die Bewertungsbasis erst dann erfolgen, wenn fremde Dritte ebenso verfahren würden.[483] Dazu ist dieser VG zunächst einzeln zu bewerten.[484] Ein durch die Transferpaketbewertung automatisierter Ansatz von geschäftswertbildenden Faktoren bzw. eines funktionsspezifischen GoF ist damit regelmäßig nicht Bestandteil des „package deals".[485] Bemerkenswert erscheint, dass diese Einschätzung neben der bereits dargelegten BFH-Rechtssprechung auch durch das „Veritas-Urteil" des United Tax Court bestätigt wird.[486] Wie in Kapitel E. III. dargelegt, wurde mit der Einführung der dritten Öffnungsklausel dem Stpfl unter der Bedingung der Einzelberwertbarkeit die Möglichkeit eröffnet, bei der Verrechnungspreisfestsetzung im Rahmen der Anwendung der 3. Escape-Klausel internationale Standards nachzuvollziehen.

Die steuerlich wirksame Übertragung und damit Einbeziehung von Gewinnpotentialen wird ebenfalls davon abhängig gemacht, ob fremde Dritte

---

[480] Vgl. Tz. 3.9 OECD-TPG.
[481] Vgl. Welling/Tiemann 2008, S. 69.
[482] Vgl. Tz. 3.9 OECD-TPG; dazu auch Luckhaupt 2010, S. 2020.
[483] Vgl. Tz. 9.87 OECD-TPG 2010.
[484] Vgl. entsprechende Spezialvorschriften zur Bewertung immaterieller WG (Tz. 6.25 OECD-TPG) bzw. wertmäßig unsicherer Vermögenswerte (Tz. 6.28ff. OECD-TPG) verwiesen.
[485] Vg. Kroppen 2010, S. 156f.; Wöltjen 2011, S. 70.
[486] Vgl. Urteil vom 10.12.2009 gegen Veritas Software Corporation. Darin wird der Ansatz der Einzelbewertung auf Grundlage der Preisvergleichsmethode bei der Übertragung von immateriellen VG an die irische Tochter bestätigt. Dazu ausführlich in Ditz/Schneider 2011, 780ff.

genauso verfahren würden.[487] Dazu müssen die Gewinnpotentiale hinreichend konkretisiert und an ein WG oder ein Recht geknüpft sein[488] Somit sind Gewinnpotenziale, die über die stillen Reserven hinausgehen, ebenfalls nicht zwingend in die Bewertungsgrundlage mit einzubeziehen.[489]

3. Gesamtbewertung nur im Rahmen eines „ongoing concern"

Lediglich bei der Übertragung eines „ongoing concern", welcher mit den Regelungen zum steuerlichen Teilbetrieb vergleichbar ist[490], ist eine Gesamtbewertung der Funktion unter Zuhilfenahme von Methoden der Unternehmensbewertung durchzuführen.[491] Die Übertragung des „ongoing concern" beschreibt nach Tz. 9.93 OECD-TPG 2010 die Übertragung der gesamten Unternehmenstätigkeit, zu der auch ein GoF gehört. Entsprechend der deutschen Begründung für die umfassende Transferpaketbetrachtung begründet auch die OECD diese Vorgehensweise damit, dass die Bestimmung eines Fremdvergleichspreises für ein „ongoing concern" nicht notwendigerweise der Summe der Einzelverrechnungspreise seiner Bestandteile entspricht. Die deutschen und internationalen Vorschriften stimmen an dieser Stelle überein[492].

II. Würdigung des § 1 Abs. 3 Satz 9ff. AStG im Kontext der OECD-TPG

Die OECD vertritt im Kern die Auffassung, dass nur bei der Übertragung der gesamten Unternehmenstätigkeit, also der Übertragung eines sog. „ongoing concern", eine Gesamtbewertung, ähnlich der deutschen Vorschriften, Anwendung finden soll. Sowohl die deutschen Regelungen hinsichtlich der Bewertung eines (Teil-)Betriebs als auch OECD-Regelungen bei Übertragung eines „ongoing concern" gehen übereinstimmend von einer gewinnpotentialorientierten Gesamtbewertung inklusive des Ansatzes eines GoF aus. Mit der 3. Escape-Klausel hat der deutsche Gesetzgeber darüber hinaus eine

---

[487] Vgl. Tz. 9.65 OECD-TPG 2010.
[488] Vgl. Tz. 9.67 OECD-TPG 2010; dazu auch Baumhoff/Puls 2009, S. 80; Endres, u.a. 2011, S. 542f..
[489] Vgl. Tz. 9.65 – 9.80 OECD-TPG 2010.
[490] Vgl. Baumhoff/Puls 2009, S. 80; Luckhaupt 2010, S. 2020.
[491] Vgl. Tz. 9.94 OECD-TPG
[492] Kroppen 2010, S. 157f.; Wöltjen 2011, S. 71.

Vereinheitlichung der Rechtsfolgen in Bezug auf die Übertragung immaterieller VG auf Basis von tatsächlichen Fremdvergleichswerten hergestellt.

Die wesentliche Unterscheidung zwischen den OECD-TPG und den deutschen Regelungen liegt in der Methodenwahl bei der Bestimmung des VP im Rahmen einer Gesamtbewertung. Lassen sich demnach keine tatsächlichen Fremdvergleichswerte für die zu bewertenden immateriellen WG ermitteln, was für die deutsche Finanzverwaltung immer noch den Regelfall darstellt, muss die Bewertung als hypothetischer Fremdvergleich inklusive der Mittelwertvermutung im Einigungsbereich erfolgen. Dies führt neben dem Import ausländischen Steuersubstrats zum Ansatz weiterer fremdvergleichsunüblicher Elemente beim VP mit der Folge eines Doppelbesteuerungsrisikos. Für eine qualifizierte Einschätzung des Abweichungsumfanges in der Praxis bleibt es daher abzuwarten, welchen tatsächlichen Stellenwert der 3. Öffnungsklausel bei der Auslegung der Vorschriften durch die Finanzverwaltung einnimmt.[493]

---

[493] Vgl. dazu auch Luckhaupt 2010, S. 2020.

G. Schlussfolgerungen

I. Zusammenfassung der Ergebnisse

1. Zusammenfassung der Vorschriften zur Funktionsverlagerung

Im Kern zielen die Regelungen zur Besteuerung von FV auf die Erfassung und Besteuerung von insbesondere immateriellen WGn bei ihrer Verlagerung ins Ausland. Die Beseitigung des Erfassungsdefizits erfolgt im Falle der Nichtanwendbarkeit der Einzelbewertungsalternativen durch einen Perspektivwechsel hin zu einer Gesamtbewertung unter Zuhilfenahme von Methoden und Elementen aus der betriebswirtschaftlichen Bewertungslehre.

Der Ansatz beruht auf der Annahme, dass aus der Funktionsausübung Gewinnpotentiale resultieren, deren Bewertung einen realistischen Wert der übertragenen Funktion transparent macht und somit eher als volkswirtschaftlich sinnvolle Besteuerungsgrundlage dient. Der Besteuerungstatbestand zielt somit auf die Erfassung der Abwanderung von Gewinnpotentialen.

Im Hinblick auf FV sieht der Gesetzgeber grundsätzlich die Zusammenfassung aller einer Funktion zugeordneten WG und sonstigen Vorteile zu einem Transferpaket vor. Der VP des Transferpakets als Ganzes wird darauf hin einer Prüfung auf Fremdvergleichskonformität unterzogen. Solange zumindest eingeschränkte Fremdvergleichswerte für die einzelnen WG ermittelt werden können, erfolgt die Bewertung analog der OECD-TPG auf Basis von Einzelverrechnungspreisen, vorzugsweise nach der Kostenaufschlagsmethode oder der geschäftsvorfallbezogenen Netto-Margenmethode.

Können hingegen keine tatsächlichen Fremdvergleichswerte herangezogen werden, erfolgt eine Simulation der Kaufpreisbestimmung unter Zuhilfenahme des hypothetischen Fremdvergleichs. Dabei bilden auf der Grundlage von Ertragswertmethoden ermittelte Funktionspreise aus Sicht jeweils beider Partner einen Einigungsbereich, dessen Mittelwert als Besteuerungsgrundlage herangezogen wird. Dieses Vorgehen ist international jedoch nicht etabliert und daher grundsätzlich mit Konfliktpotential hinsichtlich der Anerkennung durch die ausländischen Finanzverwaltungen behaftet. Mit der Einführung der dritten Öffnungsklausel hat der Gesetzgeber die Regelungen entschärft, den Umfang der Einzelbewertung erheblich erweitert und damit die Fremdvergleichskonformität in weiten Teilen wieder hergestellt.

2. Zusammenfassung der aktuellen Streitfragen und Literaturmeinung

Im Rahmen der Analyse der Vorschriften zur Besteuerung von grenzüberschreitenden FV lassen sich folgende weitestgehend unstrittige Einschätzungen extrahieren:

- Deutschland ist im Rahmen der Globalisierung zunehmend Funktionsexporteur. So besteht im Kern Konsens darüber, dass es volkswirtschaftlich sinnvoll ist, in Deutschland geschaffene und per Ausgabenansatz fiskalisch mitfinanzierte immaterielle WG als Grundlage sprudelnder Einkunftsquellen im Falle der Verlagerung zu besteuern.
- Zumindest für die Anwendung der Transferpaketbewertung im Rahmen des hypothetischen Fremdvergleichs lässt sich konstatieren, dass die Regelungen tendenziell zu einer Ausweitung der Bemessungsgrundlage bei zukünftigen so bewerteten FV führen werden.
- Des Weiteren besteht Konsens darüber, dass die Verrechnungspreisermittlung im Rahmen des tatsächlichen Fremdvergleichs konform mit internationalen Standards ist. Selbiges ist in Grundsätzen für die Bewertung von Unternehmensteilen oberhalb der Schwelle zur Teilbetriebsebene mittels Kapitalwertmethoden im Hinblick auf den teilweisen Ansatzes eines GoF zu konstatieren.
- Darüber hinaus wird die Einführung der 3. Escape-Klausel grundsätzlich begrüßt, da damit der Anwendungsbereich der Einzelbewertung bei FV erweitert wurde. Damit wurde für die Bewertung von Verlagerungen von hinreichend abgrenzbaren immateriellen VG wie F&E-Leistungen eine Harmonisierung mit internationalen Regeln hergestellt, wodurch ein Großteil der Kritik sich nur noch auf die Fälle der Transferpaketbewertung im Rahmen des hypothetischen Fremdvergleichs beschränkt. Damit wurde ein großer Schritt zur Beseitigung der negativen Folgen aus der Besteuerung von FV auf den F&E-Standort Deutschland geleistet. Darüber hinaus sind Typen von FV wie bspw. Funktionsverdopplungen, Outsorcing, Personalentsendungen, sowie Bagatellfälle als Tatbestandsmerkmal grundsätzlich ausgeschlossen.
- Die deutschen Regelungen zur Transferpaketbetrachtung bieten auch Vorteile bei der Bewertung von FV bspw. im Vergleich zur

Mehrfacheinzelbewertung von immateriellen WGn. Die positive Einschätzung steht unter der Bedingung der international einheitlichen Anwendung.

Die das Gesetzes sowie dessen Durchführungsbestimmungen begleitende Kritik ist umfangreich und reicht vom Vorwurf der mangelnden Fremdvergleichskonformität bis hin zur völligen Ablehnung des Besteuerungskonstruktes aufgrund praxisferner Regelungen und eines ausuferndem Bewertungs- und Dokumentationsaufwandes. Zahlreiche Einzelsachverhalte in den Vorschriften werden insbesondere hinsichtlich ihrer Auswirkungen unterschiedlich bewertet. Folgende Kritikpunkte am Besteuerungskonzept i.S.d. § 1 AStG erscheinen nach wie vor relevant:

- Im Rahmen der Tatbestandsvoraussetzungen wird die Qualifizierung der zeitweisen Verlagerung als FV kritisiert. In Ermangelung eines tatsächlichen Rechteübergangs wären solche fremdüblich mittels des international etablierten Lizenzansatzes adäquater erfasst. Ebenso erscheint die Qualifizierung von Substitutionsfällen als FV ungeeignet. Dessen Vermeidung impliziert letztlich einen exakten Gleichschritt der beiden Funktionen im Fall einer Funktionsverdopplung über einen Zeitraum von fünf Jahren, was schwierig sicherzustellen ist.
- Die Annahme des Übergangs eines anteiligen Geschäftswerts unterhalb der Teilbetriebsebene führt im Zusammenhang mit der „Atomisierung" des Funktionsbegriffs zu einer generellen Erweiterung des Anwendungskreises und damit zu einem generellen Aufschlag auf den VP gegenüber der Einzelbewertung. Dies ist weder vereinbar mit dem Fremdvergleichsgrundsatz, noch mit den OECD-TPG. Damit verbunden wird ein unverhältnismäßig hoher Bewertungsaufwand gesehen. Dieser Aspekt stellt einen wesentlichen Kritikpunkt dar.
- I.Z.m. der Transferpaketbewertung im Rahmen des hypothetischen Fremdvergleichs stehen insbesondere folgende Aspekte in der Kritik:
  a) Insbesondere werden hier der Ansatz von Steuereffekten auf den Kaufpreis sowie der generelle hälftige Import von ausländischem Steuersubstrat in Folge des Mittelwertansatzes kritisiert, da die ausländischen Finanzverwaltungen dies in der Regel nicht akzeptieren

werden. Daraus resultieren erhebliche Doppelbesteuerungsrisiken. Dieser Punkt stellt einen weiteren Diskursschwerpunkt dar.

b) Gleiches gilt für die Anpassungen auf den Kaufpreis innerhalb einer 10-Jahres-Frist. Aufgrund der mit zunehmendem Zeitablauf kaum möglichen Isolierung der Zahlungsströme die der Funktion zuzuordnen sind, erscheint diese Reglung nicht praktikabel und ist eindeutig unüblich.

c) Die mit der 3. Öffnungsklausel erhoffte vollständige Harmonisierung erscheint nach Abgleich mit den VG-FVERL als unerreicht, da diese zum tatsächlichen Anwendungskreis widersprüchliche Aussagen machen.

Aufgrund der Unbestimmtheit der im Gesetzestext verwendeten Definitionen und Methodendetails ist der Finanzverwaltung ein erheblicher Gestaltungsspielraum bei der Konkretisierung zugefallen. Diese hat den Gestaltungsspielraum durch die Veröffentlichung der FVerlV und insbesondere durch die VG-FVERL umfangreich ausgeschöpft. Im Rahmen der Analyse wurde dargelegt, dass das komplexe Regelwerk durch das BMF-Schreiben 2010 tendenziell klarer erscheint. Des Weiteren wurde dargelegt, dass zumindest ein Teil der Kritik durch die VG-FVERL obsolet geworden ist. Dennoch sind i.Z.m. der Veröffentlichung der endgültigen Fassung der VG-FVERL auch neue Aspekte im Diskurs um die Besteuerung von grenzüberschreitenden FV aufgefunden worden. Die wesentlichen Kritikpunkte lauten:

- Grundsätzlich erscheint es rechtsstaatlich bedenklich, wenn für wenige Sätze des Gesetzestextes derart umfangreiche Auslegungshilfen erforderlich sind, die letztlich von der Exekutive erstellt werden. Damit einhergehend besteht der Verdacht, dass die ohnehin erheblichen Dokumentationsvorschriften durch die VG-FVERL stark erweitert worden sind. Dies widerspricht dem proklamierten Ansinnen des Gesetzgebers, die Anwendung der Vorschriften zu erleichtern.

- Die VG-FVERL scheinen den Anwendungsbereich der umstrittenen Gesetzesregelung in Teilaspekten, wie bspw. die Anwendung der Regelungen auf produktbezogener Ebene, erweitern zu wollen. Auf der Rechtsfolgenseite stößt der Ansatz von Steuereffekten auf den Verkaufspreis auf Kritik.

- Weiterhin wurde dargelegt, dass die VG-FVERL in Teilaspekten trotz ihres Umfanges unklar bleiben. Insbesondere wird an dieser Stelle auf die Ausführungen hinsichtlich der verbliebenen Fälle des hypothetischen Fremdvergleichs i.Z.m. der 3. Öffnungsklausel hingewiesen. Die neuen Aspekte sind negativ zu beurteilen, insbesondere im Hinblick auf die erhoffte erleichterte Anwendung in der Besteuerungspraxis.

II. Fazit

Eingangs wurden die wesentlichen Leitlinien der Gesetzesnovelle zum § 1 AStG i.Z.m. der Besteuerung von FV zu ausländischen nahestehenden Personen definiert. Danach sollen einerseits höhere Steuereinnahmen aus der Beseitigung von Erfassungsdefiziten bei FV zur Refinanzierung der aus der UntStRef 2008 beschlossenen Entlastungen führen. Andererseits sollen die Regelungen mit internationalen Grundsätzen harmonisiert werden, um Doppelbesteuerungsrisiken für Unternehmen aus volkswirtschaftlichem Kalkül zu vermeiden.

Im Rahmen der Analyse konnte dargelegt werden, dass die Regelungen grundsätzlich geeignet sind, im Rahmen von FV wesentliche immaterielle VG bei ihrer Übertragung ins Ausland zu erfassen. Insbesondere die Regelungen zur Transferpaketbewertung im Falle der Anwendung des hypothetischen Fremdvergleichs zielen auf eine Ausweitung der Bemessungsgrundlage ab.
Hinsichtlich der Konformität der Regelungen mit internationalen Vorschriften kann konstatiert werden, dass die CDU/CSU/FDP-Koalition mit der Einführung der 3. Öffnungsklausel eine Harmonisierung der Regelungen mit internationalen Grundsätzen in weiten Teilen hergestellt hat. Die VG-FVERL zeigen jedoch, dass die Finanzverwaltung darauf hin zumindest für den verbliebenen Anwendungsbereich des hypothetischen Fremdvergleichs an den unüblichen Regelungen unbedingt festhalten will. M.E.n. sind der Ansatz von Steuereffekten auf den VP und die lange Frist im Rahmen der Preisanpassung am wenigsten mit betriebswirtschaftlichem und damit fremdvergleichsüblichem Vorgehen in Einklang zu bringen. Wenn der Tatbestand der FV darüber hinaus in der Diskussion bleiben sollte, so ist dies letztlich auch dem Umstand geschuldet, dass sich die Identifikation und Bewertung immaterieller VG grundsätzlich als schwierig darstellt. Da die Ausweitung der Bemessungsgrundlage von vorn herein

Gesetzesintention war, erscheint jedoch die Heftigkeit der Kritik zum Teil nicht nachvollziehbar.

Mit den Regelungen zur Besteuerung von FV sollte zumindest kurzfristig das Ziel der Refinanzierung aus der UntStRef erreicht werden. Ob die angestrebten Mehreinnahmen auch mittelfristig fließen hängt davon ab, inwieweit die deutschen Vorschriften als Investitionshemmnis betrachtet werden und es infolgedessen von vornherein zur Ansiedlungen von Funktionen im Ausland kommt. Da ein erheblicher Gestaltungsspielraum auf Seiten der Finanzverwaltung verblieben ist, kann die Beantwortung der Frage des tatsächlichen Umfanges der Rechtsunsicherheit und des damit verbundenen Aufwandes wohl erst nach einer Beurteilung der für die VZ seit 2008 anstehenden Betriebsprüfungen erfolgen. Aus aktueller Sicht erscheint eine mit internationalen Grundsätzen weitgehend vereinbare Anwendung der Vorschriften durch die deutschen Finanzbehörden zumindest möglich.

Darüber hinaus erscheint die Genese der Funktionsverlagerungsbesteuerung einen generellen Trend in der deutschen Steuergesetzgebung zu bestätigen. So kann die Einführungshistorie der Vorschriften zur FV, beginnend mit der UntStRef 2008 samt Erweiterung der Regelungen durch die Finanzverwaltung und der zwei Jahre später folgenden Überarbeitung derselben mit anschließender erneuter Konkretisierung durch das BMF, als Paradebeispiel für die allgemein beklagte „Regelungswut" herangezogen werden. Selbst wenn die Vorschriften infolge der aktuell gesteigerten fiskalischen Harmonisierungsbemühungen in Europa breitere Anwendung finden sollten, besteht durch den permanenten Änderungsfluss ein gesteigertes Risiko von Konflikten mit internationalen Regelungen. Dies spiegelt sich letztlich auch in dem Umstand wider, dass Deutschland bei der Anzahl anhängiger Verfahren, zusammen mit den USA, internationaler Spitzenreiter ist.[494]

---

[494] Vgl. OECD-Statistik zu „Dispute Resolution: Country Mutual Agreement Procedure Statistics for 2008 and 2009" Vgl. OECD.org 2011.

IV Anhang

Tab. 2 Tabellarische Übersicht des § 1 AStG

Abs.	Satz	Textlaut
1	1	Werden Einkünfte eines Steuerpflichtigen aus einer Geschäftsbeziehung zum Ausland mit einer ihm nahe stehenden Person dadurch gemindert, dass er seiner Einkünfteermittlung andere Bedingungen, insbesondere Preise (Verrechnungspreise), zugrunde legt, als sie voneinander unabhängige Dritte unter gleichen oder vergleichbaren Verhältnissen vereinbart hätten (Fremdvergleichsgrundsatz), sind seine Einkünfte unbeschadet anderer Vorschriften so anzusetzen, wie sie unter den zwischen voneinander unabhängigen Dritten vereinbarten Bedingungen angefallen wären.
	2	Für die Anwendung des Fremdvergleichsgrundsatzes ist davon auszugehen, dass die voneinander unabhängigen Dritten alle wesentlichen Umstände der Geschäftsbeziehung kennen und nach den Grundsätzen ordentlicher und gewissenhafter Geschäftsleiter handeln. Führt die Anwendung des Fremdvergleichsgrundsatzes zu weitergehenden Berichtigungen als die anderen Vorschriften, sind die weitergehenden Berichtigungen neben den Rechtsfolgen der anderen Vorschriften durchzuführen.
2		Dem Steuerpflichtigen ist eine Person nahestehend, wenn
		1. die Person an dem Steuerpflichtigen mindestens zu einem Viertel unmittelbar oder mittelbar beteiligt (wesentlich beteiligt) ist oder auf den Steuerpflichtigen unmittelbar oder mittelbar einen beherrschenden Einfluß ausüben kann oder umgekehrt der Steuerpflichtige an der Person wesentlich beteiligt ist oder auf diese Person unmittelbar oder mittelbar einen beherrschenden Einfluß ausüben kann oder
		2. eine dritte Person sowohl an der Person als auch an dem Steuerpflichtigen wesentlich beteiligt ist oder auf beide unmittelbar oder mittelbar einen beherrschenden Einfluß ausüben kann oder
		3. die Person oder der Steuerpflichtige imstande ist, bei der Vereinbarung der Bedingungen einer Geschäftsbeziehung auf den Steuerpflichtigen oder die Person einen außerhalb dieser Geschäftsbeziehung begründeten Einfluß auszüüben oder wenn einer von ihnen ein eigenes Interesse an der Erzielung derEinkünfte des anderen hat.
3	1	Für eine Geschäftsbeziehung im Sinne des Absatzes 1 Satz 1 ist der Verrechnungspreis vorrangig nach der Preisvergleichsmethode, der Wiederverkaufspreismethode oder der Kostenaufschlagsmethode zu bestimmen, wenn Fremdvergleichswerte ermittelt werden können, die nach Vornahme sachgerechter Anpassungen im Hinblick auf die ausgeübten Funktionen, die eingesetzten Wirtschaftsgüter und die übernommenen Chancen und Risiken (Funktionsanalyse) für diese Methoden uneingeschränkt vergleichbar sind; mehrere solche Werte bilden eine Bandbreite.
	2	Sind solche Fremdvergleichswerte nicht zu ermitteln, sind eingeschränkt vergleichbare Werte nach Vornahme sachgerechter Anpassungen der Anwendung einer geeigneten Verrechnungspreismethode zugrunde zu legen.
	3	Sind in den Fällen des Satzes 2 mehrere eingeschränkt vergleichbare Fremdvergleichswerte feststellbar, ist die sich ergebende Bandbreite einzuengen.
	4	Liegt der vom Steuerpflichtigen für seine Einkünfteermittlung verwendete Wert in den Fällen des Satzes 1 außerhalb der Bandbreite oder in den Fällen des Satzes 2 außerhalb der eingeengten Bandbreite, ist der Median maßgeblich.
	5	Können keine eingeschränkt vergleichbaren Fremdvergleichswerte festgestellt werden, hat der Steuerpflichtige für seine Einkünfteermittlung einen hypothetischen Fremdvergleich unter Beachtung des Absatzes 1 Satz 2 durchzuführen.
	6	Dazu hat er auf Grund einer Funktionsanalyse und innerbetrieblicher Planrechnungen den Mindestpreis des Leistenden und den Höchstpreis des Leistungsempfängers zu ermitteln (Einigungsbereich); der Einigungsbereich wird von den jeweiligen Gewinnerwartungen (Gewinnpotenzialen) bestimmt.
	7	Es ist der Preis im Einigungsbereich der Einkünfteermittlung zugrunde zu legen, der dem Fremdvergleichsgrundsatz mit der höchsten Wahrscheinlichkeit entspricht; wird kein anderer Wert glaubhaft gemacht, ist der Mittelwert des Einigungsbereichs zugrunde zu legen.
	8	Ist der vom Steuerpflichtigen zugrunde gelegte Einigungsbereich unzutreffend und muss deshalb von einem anderen Einigungsbereich ausgegangen werden, kann auf eine Einkünfteberichtigung verzichtet werden, wenn der vom Steuerpflichtigen zugrunde gelegte Wert innerhalb des anderen Einigungsbereichs liegt.
	9	Wird eine Funktion einschließlich der dazugehörigen Chancen und Risiken und der mit übertragenen oder überlassenen Wirtschaftsgüter und sonstigen Vorteile verlagert (Funktionsverlagerung) und ist auf die verlagerte Funktion Satz 5 anzuwenden, weil für das Transferpaket als Ganzes keine zumindest eingeschränkt vergleichbare Fremdvergleichswerte vorliegen, hat der Steuerpflichtige den Einigungsbereich auf der Grundlage des Transferpakets unter Berücksichtigung funktions- und risikoadäquater Kapitalisierungszinssätze zu bestimmen.
	10	In den Fällen des Satzes 9 ist die Bestimmung von Einzelverrechnungspreisen für alle betroffenen Wirtschaftsgüter und Dienstleistungen nach Vornahme sachgerechter Anpassungen anzuerkennen, wenn der Steuerpflichtige glaubhaft macht, dass keine wesentlichen immateriellen Wirtschaftsgüter und Vorteile Gegenstand der Funktionsverlagerung waren, oder dass die Summe der angesetzten Einzelverrechnungspreise, gemessen an der Bewertung des Transferpakets als Ganzes, dem Fremdvergleichsgrundsatz entspricht; macht der Steuerpflichtige glaubhaft, dass zumindest ein wesentliches immaterielles Wirtschaftsgut Gegenstand der Funktionsverlagerung ist, und

103

		bezeichnet er es genau, sind Einzelverrechnungspreise für die Bestandteile des Transferpakets anzuerkennen.
3	11	Sind in den Fällen der Sätze 5 und 9 wesentliche immaterielle Wirtschaftsgüter und Vorteile Gegenstand einer Geschäftsbeziehung und weicht die tatsächliche spätere Gewinnentwicklung erheblich von der Gewinnentwicklung ab, die der Verrechnungspreisbestimmung zugrunde lag, ist widerlegbar zu vermuten, dass zum Zeitpunkt des Geschäftsabschlusses Unsicherheiten im Hinblick auf die Preisvereinbarung bestanden und unabhängige Dritte eine sachgerechte Anpassungsregelung vereinbart hätten.
	12	Wurde eine solche Regelung nicht vereinbart und tritt innerhalb der ersten zehn Jahre nach Geschäftsabschluss eine erhebliche Abweichung im Sinne des Satzes 11 ein, ist für eine deshalb vorzunehmende Berichtigung nach Absatz 1 Satz 1 einmalig ein angemessener Anpassungsbetrag auf den ursprünglichen Verrechnungspreis der Besteuerung des Wirtschaftsjahres zugrunde zu legen, das dem Jahr folgt, in dem die Abweichung eingetreten ist.
	13	Um eine einheitliche Rechtsanwendung und die Übereinstimmung mit den internationalen Grundsätzen zur Einkunftsabgrenzung sicherzustellen, wird das Bundesministerium der Finanzen ermächtigt, mit Zustimmung des Bundesrates durch Rechtsverordnung Einzelheiten zur Anwendung des Fremdvergleichsgrundsatzes im Sinne des Absatzes 1 und der Sätze 1 bis 12 zu bestimmen.
4		Ist bei den in Absatz 1 genannten Einkünften in Fällen des § 162 Abs. 2 der Abgabenordnung eine Schätzung vorzunehmen, so ist mangels anderer geeigneter Anhaltspunkte eine durchschnittliche Umsatzrendite oder Verzinsung für das im Unternehmen eingesetzte Kapital anzusetzen, die unter Berücksichtigung der ausgeübten Funktionen, eingesetzten Wirtschaftsgüter und übernommenen Risiken zu erwarten ist. Schätzungen nach § 162 Abs. 3 der Abgabenordnung bleiben unberührt.
5		Geschäftsbeziehung im Sinne der Absätze 1 und 2 ist jede den Einkünften zugrunde liegende schuldrechtliche Beziehung, die keine gesellschaftsvertragliche Vereinbarung ist und entweder beim Steuerpflichtigen oder bei der nahe stehenden Person Teil einer Tätigkeit ist, auf die die §§ 13, 15, 18 oder § 21 des Einkommensteuergesetzes anzuwenden sind oder im Fall eines ausländischen Nahestehenden anzuwenden wären, wenn die Tätigkeit im Inland vorgenommen würde.

Tab. 3: Kennzahlen[495]

EBIT

Wie hoch ist das Ergebnis der gewöhnlichen Geschäftstätigkeit vor Zinsen und Steuern?

Jahresüberschuß- oder fehlbetrag
+ Steuern
- ggfls. Steuererstattung

= EBT (Ergebnis der gewöhnlichen Geschäftstätigkeit vor Steuern)
+ Zinsaufwand

= EBIT (ordentliches Ergebnis vor Zinsen und Steuern)

Cashflow

Wie hoch ist der Finanzmittelüberschuß je Planungsperiode?

Grundsätzliche direkte Ermittlung

Einnahmewirksame Erträge
- Ausgabenunwirksame Aufwedungen

= Cashflow

Sog. „Vereinfachte Praktikerformel"

Jahresüberschuß oder –fehlbetrag
+ Abschreibungen (-Zuschreibungen) auf Anlagevermögen
+ Erhöhungen (-Minderungen) von langfristigen Rückstellungen

= Cashflow

[495] Vgl. Krause/Arora 2008, S. 16. u. 71.

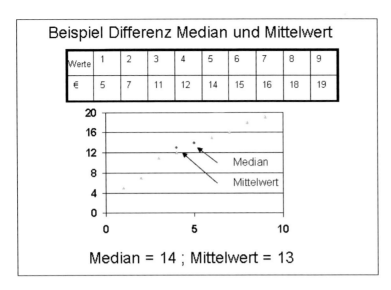

Abb. 8: Beispiel Differenz Median und Mittelwert [in Anlehnung an: Brähler 2010, S. 138, Abb. 138]

V Literaturverzeichnis

Baumhoff, H. 2001: Überprüfung internationaler Verrechnungspreise, Mitwirkungspflichten, Schätzung, Internationales Steuerrecht (IStR), S. 745-753.

Baumhoff, H./Puls, M. 2009: Der OECD-Diskussionsentwurf zu Verrechnungspreisaspekten von „Business-Restructurings" – Analyse und erster Vergleich mit den deutschen Funktionsverlagerungsregeln nach § 1 Abs. 3 AStG, IStR, S. 73 – 81.

Baumhoff, H./Ditz, X./Greinert, M. 2007: Auswirkungen des Unternehmenssteuerreformgesetzes 2008 auf die Besteuerung grenzüberschreitender Funktionsverlagerungen, DStR, S. 1649 – 1656.

Baumhoff, H./Ditz, X./ Greinert, M. 2008: Die Besteuerung von Funktionsverlagerungen nach der Funktionsverlagerungsverordnung, , DStR, v. 12. 8. 2008, S. 1945-1967.

Baumfoff, H./Ditz, X./Greinert, M. 2008a: Auswirkungen der Unternehmenssteuerreform auf die Besteuerung grenzüberschreitender Fünktionsverlagerungenin, DStR, S. 1945 – 1953.

Baumhoff, H./Ditz, X./Greinert, M. 2010: Die Besteuerung von Funktionsverlagerungen nach den Änderungen des § 1 Abs. 3 AStG durch das EU-Umsetzungsgesetz, DStR, 2010, S. 1309 – 1316.

Baumhoff, H./Ditz, X./Greinert, M. 2011: Die Besteuerung von Funktionsverlagerungen nach den Verwaltungsgrundsätzen Funktionsverlagerung vom 13.10.2010, Unternehmensbesteuerung (UBG) , S. 168-174.

Bernhardt, H.H. 2010: Business Restructuring, Podiumsdiskussion, in: Lüdicke, J. (Hrsg.): Brennpunkte im deutschen internationalen Steuerrecht, Forum der Internationalen Besteuerung, Band 36, Verlag Otto Schmidt, Köln.

Blumers, W. 2007: Funktionsverlagerung per Transferpaket, Betriebsberater (BB), S. 1757 – 1763.

Bödefeld, A./Kuntschik, N. 2007: Funktionsverlagerung und Verrechnungspreise, , in: Blumberg, Jens/ Benz, Sebastian (Hrsg.): Die Unternehmensteuerreform 2008, Verlag Otto Schmidt, Köln. S. 240-296.

Bodenmüller, R. 2004: Steuerplanung bei Funktionsverlagerungen ins Ausland, Ertragsteuerliche Folgen, Strategien und Modelle, Düsseldorf, IDW Verlag, Köln.

Böhm, O./Siebert, H. 2008: Bewertung immatrieller Vermögenswerte, in: Henke, M. (Hrsg.): Accounting, Auditing und Management, Festschrift für Wolfgang Lück, Erich Schmidt Verlag, Berlin.

Borstell, T. 2002:Verrechnungspreisprobleme bei Funktionsverlagerungen, in: Steuerberater-Jahrbuch, Otto Schmidt, Köln 2001/2002, S. 201-237

Borstell, T. / Schäpperclaus, J. 2008: Was ist eigentlich eine Funktion?, IStR, S. 275-284.

Brähler, G. 2010: Internationales Steuerrecht, Grunglagen für Studium und Steuerberaterprüfung, 6. Auflage, Verlag Gabler, Wiesbaden.

Brockhagen, J. 2007: Verrechnungspreise bei Funktionsverlagerungen, Edition Wirtschaft und Recht, Band 4 , Tectum Verlag, Marburg.

Brünnunghaus, D./Bodenmüller, R. 2009: Tatbestandsvoraussetzungen der Funktionsverlagerung, DStR, S. 1285 – 1291.

Burkert, M. 2003: Funktionsverlagerungen im internationalen Konzern - Management der Steuerfolgen in Deutschland - Teil II. Internationales Steuerrecht 2003, S. 356-360

Cheridito, Y./Schneller, T. 2004: Der Residualwert in der Unternehmensbewertung, Verschiedene Formeln im Vergleich, in: Der Schweizer Treuhänder, 09/04, S. 735-741.

Crüger, A./Riedel, A. 2011: Funktionsbewertung unter Berücksichtigung des Standards des IDW, Internationales Steuer- und Wirtschaftsrecht (IWB), 06/2011, S. 209.

Deloitte 2010: BMF veröffentlicht die endgültige Fassung der Verwaltungsgrundsätze Funktionsverlagerung, Tax-News, v. 26.10.2010, Url: http://www.deloitte-tax-news.de/transfer-pricing/bmf-veroeffentlicht-endgueltige-fassung-der-verwaltungsgrundsaetze-funktionsverlagerung.html, Zugriff am 24.09.2010.

Diller, M./Grottke, M. 2011: Der Gesamtbewertungsgrundsatz der Funktionsverlagerungen, in: StuB 6/2011.

Ditz, X. 2008:Entwurf einer Funktionsverlagerungsverordnung (FVerlV) von der Bundesregierung beschlossen, Status:Recht, S. 193-194.

Ditz, X./Schneider, M. 2011: Internationale Rechtssprechung zu Verrechnungspreisen, in: Der Betrieb, v. 08.04.2011, S. 779-785.

Djanani, C./Brähler, G. 2009: Internationales Steuerrecht - Grundlagen für Studium und Steuerberaterprüfung, 4. Auflage, Gabler, Wiesbaden.

Eigelshoven, A./Nientimp, A. 2010: Funktionsverlagerungen und kein Ende – Die Änderungen bei der Besteuerung von Funktionsverlagerungen nach dem EU-Umsetzungsgesetz, Ubg, S. 233 – 236.

Eisele, F. 2003: Grenzüberschreitende Funktionsverlagerung, Verlag Neue Wirtschafts-Briefe, Berlin.

Ernst, D./Schneider, S./Thielen, B. 2008: Unternehmensbewertungen erstellen und verstehen, ein Praxisleitfaden, 3. Auflage Verlag Franz Vahlen, München. (zitiert als: Bearbeiter, in: Ernst/Schneider/Thielen 2008)

Fischer, W./Looks, C./im Schlaa, S. 2007: Dokumentationspflichten für Verrechnungspreise - Bisherige Erfahrungen mit der Betriebsprüfung und aktuelle Entwicklungen, Betriebs Berater (BB), S. 918-922.

Flick, H./Wassermeyer, F./Baumhoff, H. (Hrsg.) 2010: Außensteuerrecht, Kommentar, 66. Ergänzungslieferung, Stand 10/2010, Verlag Dr. Otto Schmidt, Köln. (zitiert als: Bearbeiter in: F/W/B 2010)

Forster, H. 2011: Die allgemeinen Verrechnungspreisgrundsätze des § 1 Abs. 3 AStG – Vergleich mit den aktualisierten Verrechnungspreisrichtlinien der OECD, IStR, S. 20 – 26.

Freudenberg, M./Ludwig,C. 2010: Funktionsverlagerungen im Lichte des OECD Business Restructuring Berichts, BB, v. 24.01.2011, S. 217-222.

Freytag, U. 2007: Entwurf des Unternehmensteuerreformgesetzes 2008 - Geplante Änderungen für den Bereich Verrechnungspreise, IWB, Fach 3, Gruppe 1, S. 2193-2200.

Frischmuth, M. 2007: UntStRefG 2008 und Verrechnungspreise nach § 1 AStG n. F., IStR, S. 485 – 489.

Frischmuth, M. 2009: Steuerzentrierte Rechtsberatung, in: Spindler, W./Tipke, K./Rödder, T. (Hrsg.): Festschrift für Harald Schaumburg zum 65. Geburtstag, Verlag Dr. Otto Schmidt, Köln.

Frishmuth, M. 2010a: Funktionsverlagerungsbesteuerung, Unternehmensbesteuerung und Bilanzen, StuB, S. 91 – 97.

Frischmuth, M. 2010b: Funktionsverlagerungsbesteuerung, Zurück zum Regelungszweck und Erfordernis einer Neuausrichtung!, StuB, S. 386 - 391.

Frischmuth, S. 2011: Was bleibt übrig von der Transferpaketbesteuerung nach § 1 Abs. 3 Satz 9 AStG, IWB, 2/2011, S. 48 – 60.

Frotscher, G. 2008: Grundfragen der Funktionsverlagerung, FR, S. 49 – 57.

Frotscher, G. 2009: Internationales Steuerrecht, 3. Auflage, Verlag C.H. Beck, München.

Fuhrmann, C. 2008: Die Funktionsverlagerungsverordnung, Kölner Steuerdialog, S. 16188-16191.

Gabler 2011: Hrsg. Gabler Wirtschaftslexikon, Online-Lexikon, Url: http://wirtschaftslexikon.gabler.de, Zugriff am 15.11.2011.

Greil, S. 2010: Ausnahmen von der Gesamtbewertung des Transferpakets – Zugleich Neufassung des § 1 Abs. 3 Sätze 9 und 10 AStG, IStR, S. 479 – 483.

Groh, M. 1989: Einlegung und Ausschüttung immaterieller WG, in: Curtuis-Hartung, R./Herzig, N./Niemannn, U. (Hrsg.): Steuerberater-Jahrbuch 1988/89, S. 187-2005.

Haase, F. (Hrsg.) 2009: Außensteuergesetz, Doppelbesteuerungsabkommen, 1. Auflage, C.F. Müller Verlag, Heidelberg. (zitiert als: Bearbeiter, in: Haase 2009)

Hardock, P. 2000: Produktionsverlagerung von Industrieunternehmen ins Ausland: Formen, Determinanten, Wirkung, Verlag Gabler Wiesbaden.

Herrmann, C./Heuer, G./Raupach, A. (Hrsg.) 2010: Einkommensteuer- und Körperschaftsteuergesetz, Kommentar, 243.Ergänzungslieferung, Verlag Dr. Otto Schmidt, Köln.
(zitiert als: Bearbeiter, in: H/H/R).

Hervé, Y./Hofer, M. 2007: Neuregelungen im Bereich Verrechnungspreise durch die Unternehmensteuerreform 2008, Bilanzen und Controlling, S. 196-198.

Hervé, Y./Hofer, M. 2007: Praxis der Funktionsverlagerung nach der Unternehmensteuerreform 2008, Bilanzen und Controlling, S. 258-262.

Herzig, N./ Watrin, C., Betriebswirtschaftliche Anforderungen an eine Unternehmenssteuerreform, in: StuW 77. (30.) Jg. (2000), S. 378-388.

Hey, J. 2007: Verletzung fundamentaler Besteuerungsprinzipien durch die Gegenfinanzierungsmaßnahmen des Unternehmensteuerreformgesetzes 2008, Betriebs-Berater, S. 1303-1309.

Jahndorf, C. 2008: Besteuerung der Funktionsverlagerung, Finanzrundschau (FR), S. 101-111.

Jenzen, H. 2005: Internationale Verrechnungspreise. Die Einkunftsabgrenzung im Besteuerungsverfahren, NWB, Fach 2, S. 8867-8881.

Kasperzak, R./Nestler, A. 2010: Bewertung einzelner immaterieller WG, Verlag Beck, Weinheim.

Klapdor, Ralph 2008: Grundsätze der Verrechnungspreisermittlung, Steuern und Wirtschaft (StuW), S. 83-92.

Kirschnik, W./Glaser, U. 2008: Internationale Verrechnungspreise, Funktionsverlagerungen nach der Unternehmensteuerreform 2008, Seminarunterlagen, Reutlinger Wirtschaftstreuhand GmbH, v. 10.06, Reutlingen.

Kraft, G. (Hrsg.) 2009: Außensteuergesetz Kommentar, 1. Auflage, Verlag C.H. Beck, München.

Krause, H.U./Aurora, D. 2008: Controlling Kennzahlen, Oldenburg Wissenschaftsverlag, München.

Kroppen, H.K. 2010: Business Restructuring und Funktionsverlagerung, in: Lüdicke (Hrsg.): Brennpunkte im deutschen internationalen Steuerrecht, Verlag Dr. Otto Schmidt, Köln.

Kroppen, H.K./Rasch, S./Eigelshoven, A. 2008: Die Behandlung der Funktionsverlagerungen im Rahmen des Unternehmensteuerreform 2008 und der zu erwartenden Verwaltungsgrundsätze Funktionsverlagerung, 2007, IWB 2007/5, Gruppe 1, Fach, 3, S. 2201-2229.

Kroppen H.K./Rasch, S. 2008: Die Funktionsverlagerungsverordnung, IWB, Nr. 11 v. 11.06., Seite 547-551.

Kroppen, H.K./Rasch, S. 2009: Funktionsverlagerung – Entwurf der Verwaltungsgrundsätze (I), IWB, Heft 16, v. 26.08.2009, S. 884-890.

Kroppen, H.K./Rasch, S. 2010: Anmerkungen zu den Verwaltungsgrundsätzen Funktionsverlagerung vom 13.10.2010, IWB, Heft 22, v. , S. 824-841.

Kuckhoff, H./ Schreiber R. 1999: Grenzüberschreitende Funktionsverlagerung aus Sicht der Betriebsprüfung, Teil 2,, IStR, S. 353-362.

Lenz, M./Rautenstrauch, G. 2010: Die neuen Öffnungsklauseln bei der Funktionsverlagerung in § 1Abs. 3 Satz 10 Hs. 2 AStG, in: Der Betrieb, Heft Nr. 13, v. 02.04.2010, S. 696-699.

Löhr, D. 2000: Die Brühler Empfehlungen – Wegweiser für eine Systemreform der Unternehmensbesteuerung?, in: StuW, Nr. 77., 30. Jahrgang, S. 33-44.

Luckhaupt, H. 2010: OECD Business Restructuring im Vergleich zur Funktionsverlagerung, Der Betrieb (DB), S. 2016 – 2020.

Meitner, M. 2008: Die Berücksichtigung von Inflation in der Unternehmensbewertung – Terminal Value Überlegungen (nicht nur) zu IDW ES 1 i. d. F. 2007, Wpg, S. 248-255.

Merkel, G. 2009: Funktionsverlagerungen nach der Unternehmenssteuerreform 2008 : Funktionsverlagerung unter besonderer Berücksichtigung von Forschung und Entwicklung, Masterarbeit, Analysen und Berichte zum Wirtschafts- und Steuerrecht, Universität Darmstadt.

Müller, A./Uecker, P./Zehbold, C. 2006: Controlling für Wirtschaftsingeneure und Betriebswirte, 2., verbesserte Auflage, Carl Hanser Verlag, Leipzig.
(zitiert als: Bearbeiter, in: Müller/Uecker/Zehbold 2006)

Mössner, J.M./ Fuhrmann, S. 2010 (Hrsg.): Außensteuergesetz Kommentar, 2. Auflage, Stand Oktober, o.O.

Nestler, A./Schaflitztl, A. 2011: Praktische Anwendungsfragen für die Bewertung bei Funktionsverlagerungen nach dem neuen BMF-Schreiben., in: Der Betriebsberater, vom 24.1.2011, S. 224-227.

NWB (Hrsg) 2007: Die Behandlung der Funktionsverlagerungen im Rahmen der Unternehmensteuerreform 2008 und der zu erwartenden Verwaltungsgrundsätze-Funktionsverlagerung, Fach 3 Deutschland, IWB, Ausgabe Nr. 6, vom 28.03.2007, S. 302.

OECD.org 2011: Dispute Resolution: Country Mutual Agreement Procedure Statistics for 2008 and 2009, URL:
http://www.oecd.org/document/25/0,3746,en_2649_37989739_46501785_1_1_1_1,00.html, Zugriff am 27.12.2011.

Oestreicher, A. 2009: Die (reformbedürftigen) Regelungen zur Ermittlung der Verrechnungspreise in Fällen der Funktionsverlagerung, Ubg, S.80 – 95.

Oestreicher, A./Hundeshagen, C. 2009 Ertragswertorientierte Gesamtbewertung von Transferpaketen, Ubg, S. 830 – 843.

Oestreicher, A./Hundeshagen, C. 2009: Weder Wirtschaftsgut noch Unternehmen – die Bewertung von Transferpaketen anlässlich der grenzüberschreitenden Verlagerung von Unternehmensfunktionen, IStR, S. 145 – 152.

Richter, A./Welling, B. 2008: Tagungs- und Diskussionsbericht des 25. Berliner Steuergespräch mit dem Thema Funktionsverlagerung, FR, S. 71-78.
(zitiert als: Berarbeiter, in: Richter/Welling 2008)

Schaumburg, H. (Hrsg.)1994: Internationale Verrechnungspreise zwischen Kapitalgesellschaften, Köln.
(zitiert als: Bearbeiter, in: Schaumburg 1994)

Schaumburg, H. 1998: Internationales Steuerrecht, 2. Auflage, Köln, Dr. Otto Schmidt, 1998.

Schaumburg, H. (2011): Internationales Steuerrecht, Außensteuerrecht, Doppelbesteuerungsrecht, 3. Auflage Verlag Dr. Otto Schmidt, Köln.
(zitiert als Bearbeiter in: Schaumburg 2011)

Schilling, D. 2011: Bewertung von Transferpaketen, ausgewählte Bewertungsfragen unter besonderer Berücksichtigung des BMF-Schreibens vom 13.10.2010, in: Der Betrieb, Heft 28, v. 15.07., S. 1533-1539.

Schmeisser, W. 2008: Grundsätzliches zur Unternehmensbewertung, Präsentation, Finanzierung und Investition III – Finanzcontrolling, HTW Berlin.

Schneider, P. 1992: Investition, Finanzierung und Besteuerung, 7. Auflage, Wiesbaden.

Schreiber, R. 2008: Funktionsverlagerungen im Konzern – Neue Rechtsgrundlagen durch die Unternehmenssteuerreform 2008, Ubg, Heft 8, S. 433 – 516.

Serg, O. 2006: Optimierung der Konzernsteuerquote durch internationale Funktionsverlagerungen, Dissertation, Joseph-Eul-Verlag, Oestrich-Winkel.

Spindler, W/Tipke, K./Rödder, T. (Hrsg.) 2009: Steuerzentrierte Rechtsberatung – Festschrift für Harald Schaumburg zum 65. Geburtstag Verlag Dr. Otto Schmidt, Köln.
(zitiert als: BEARBEITER, in: S/T/R 2009)

Vogel, K. 1993: Harmonisierung des Internationalen Steuerrechts in Europa als Alternative zur Harmonisierung des (materiellen) Körperschaftsteuerrechts, in: StuW, 70. (23.) Jahrgang 1993, S. 380-388.

Vogel, K./Lehner, M. 2008:DBA, Doppelbesteuerungsabkommen, Kommentar, 5. Auflage, Verlag ,Beck München.

Vögele, **A**. 2010: Bewertung von Transferpaketen bei der Funktionsverlagerung – Separierung des Transferpakets, Bewertungsmethoden und Zinssatz, DStR, S. 418 – 424.

Vögele, A.(Hrsg.) 2011: Verrechnungspreise, Betriebswirtschaft, Steuerrecht, 3. AuflageVerlag C. H. Beck, München.
(zitiert als: BEARBEITER, in: VÖGELE 2011)

Wagner, F. W. 1992: Neutralität und Gleichmäßigkeit als ökonomische und rechtliche Kriterien steuerlicher Normkritik, in: StuW, S. 2-13.

Wagner, W./Saur, G./Willershausen, T. 2008: Zur Anwendung der Neuregelungen der Unternehmensbewertungsgrundsätze des IDW S 1 i. d. F. 2008 in der
Praxis, Die Wirtschaftsprüfung (Wpg), S. 731 – 749.

Wassermeyer, F. 1994: Sind Verrechnungspreise justitiabel?, in: Schaumburg (Hrsg.): Verrechnungspreise zwischen Kapitalgesellschaften, Verlag Otto Schmidt, Köln.

Wassermeyer, F. 1999: Mehrere Fremdvergleichsmaßstäbe im Steuerrecht?, in StbJb 1998/1999, S. 157-172.

Wassermeyer, F. 2007: Modernes Gesetzgebungsniveau am Beispiel des Entwurfs zu § 1 AStG, Der Betrieb 2007, S. 535-539.

Wassermeyer, F. 2008a : Funktionsverlagerung: Statement, FR, S. 67-68.

Weber-Grellet, H. 2006: Steuerbilanzrecht, 1. Auflage, Verlag C.H. Beck, München.

Wehnert, O./Sano, Y./Selzer, D. 2004: Die Zuordnung von Geschäftschancen nach der aktuellen BFH-Rechtssprechung, in: PLStB, 6. Jahrgang, Heft 8, S. 204-209.

Welling, B. 2008: Überzogene Aufkommenserwartungen provozieren nationalen Alleingang, in: Made in Germany - taxed in Germany?, Vier verschiedene Perspektiven zur Besteuerung von Funktionsverlagerungen, Status:Recht, S. 105-106.

Welling, B. 2007: Unternehmensteuerreform 2008 - Erste Bewertung aus Sicht der Wirtschaft, Steuer-Consultant, S. 24-27.

Welling, B./Tiemann, K. 2008: Funktionsverlagerungsverordnung im Widerstreit mit internationalen Grundsätzen, FR, S. 68 – 71.

Wöltjen, D. 2011: Einzel- und Gesamtbewertung von WGn und sonstigen Vorteilen bei der Funktionsverlagerung ins Ausland nach § 1 Abs. 3 Satz 9ff. AStG, Diplomarbeit, in: Anzinger, H. (Hrsg.): Analysen und Berichte zum Wirtschafts- und Steuerrecht, TU Darmstadt.

Wulf, M. 2008: Änderungen im Außensteuerrecht und Sonderregelungen zu Funktionsverlagerungen nach dem Unternehmenssteuerreformgesetzt 2008, Der Betrieb (DB), S. 2280 – 2285.

Zech, T./Morlock, G. 2009: Besteuerung von unternehmerischen Einkünften bei grenzüberschreitenden Sachverhalten, Praktiker-Seminare 2009/2010, Akademie für Steuer und Wirtschaftsrecht, Aachen Bonn.